**Bibliografische Information der Deutschen Nationalbibliothek:**

Die Deutsche Nationalbibliothek verzeichnet diese Publikation in der Deutschen Nationalbibliografie; detaillierte bibliografische Daten sind im Internet über http://dnb.d-nb.de abrufbar.

**Impressum:**

Copyright © 2013 ScienceFactory

Ein Imprint der GRIN Verlags GmbH

Druck und Bindung: Books on Demand GmbH, Norderstedt, Germany

Coverbild: von Trustees of the British Museum (http://www.britishmuseum.org) [Public domain], via Wikimedia Commons

# Verführerin oder Heilige?
# Die Frau in Gesellschaft und Literatur des Mittelalters

Christina Gieseler: Erziehung, Ausbildung und Arbeit von Mädchen und Frauen in den Städten des Hoch- und Spätmittelalters. Frauen aus Handwerk und Unterschicht 7

    Einleitung ............ 8

    Allgemeine und konkrete Erziehungsziele in der Zeit des Hoch- und Spätmittelalters ............ 10

    Bildungsstand und -möglichkeiten für Frauen in Handwerkerkreisen und Unterschicht ............ 12

    Mädchenerziehung und Frauenbildung in der mittelalterlichen Stadt – Arbeit im weiblichen Lebenslauf ............ 14

    Schluss ............ 25

    Literaturverzeichnis ............ 26

Anna Dück: Liebe und Ehe im Mittelalter. Rechte, Riten und Realität ............ 27

    Einleitung ............ 28

    Eheschließung und Eheform ............ 30

    Eheleben ............ 42

    Die Kirche und die Ehe ............ 57

    Liebe und Ehe ............ 60

    Schluss ............ 70

    Literaturverzeichnis ............ 71

Marion Luger: „Stadt der Frauen" – Frauen der Stadt. Christine de Pizans „Buch von der Stadt der Frauen" und die Lebenswirklichkeit von Stadtbewohnerinnen im Spätmittelalter ............ 75

    Einleitung ............ 76

    Christine de Pizan: Das Buch von der Stadt der Frauen ............ 77

    Das Frauenbild ............ 80

    Ehe ............ 83

    Die Rechtsstellung der Stadbewohnerinnen ............ 85

    Erziehung und Bildung ............ 89

    Frauen im Erwerbsleben ............ 93

    Zusammenfassung ............ 106

    Literatur- und Quellenverzeichnis ............ 109

Dr. Elena Tresnak: Die Darstellung der Kriemhild-Figur im ‚Nibelungenlied': Entwicklungsprozess oder Rollenwechsel von der ‚höfischen Dame' zur ‚entmenschlichten Rächerin'? ............ 113

    Einleitung ............ 114

    Die Darstellung der Kriemhild-Figur im ‚Nibelungenlied': Kriemhild im ersten Teil ............ 117

    Kriemhild im zweiten Teil ............ 132

    Schluss ............ 146

Claudine Massard: Die Rolle der Frau in der Literatur des Mittelalters am Beispiel von Enite, der „surziere Cundry" und Brunhild ...................... 149

    Vorwort .................... 150

    Enite .................... 151

    Die „surziere Cundry" .................... 155

    Brunhild .................... 158

    Schlussfolgerung .................... 160

    Quellenverzeichnis: .................... 161

**Einzelbände** .................... **162**

Christina Gieseler: Erziehung, Ausbildung und Arbeit von
Mädchen und Frauen in den Städten des Hoch- und Spätmittelalters. Frauen aus Handwerk und Unterschicht

## Einleitung

Wie sah die Erziehung von Mädchen im Mittelalter aus? Erlernten sie einen Beruf oder arbeiteten sie später vorrangig im Haushalt, saßen am Spinnrad und versorgten die Kinder, während der Mann in der Werkstatt arbeitete? Gab es Schulen in den Städten und durften Mädchen sie besuchen? In dieser Arbeit sollen die Erziehungsziele, Bildungsmöglichkeiten, Kindheit, Lehrzeit und Arbeitswelt von Mädchen und Frauen in Städten des Hoch- und Spätmittelalters beleuchtet werden.

Da „Erziehung" und „Frauenarbeit" weite Themenfelder sind, soll zunächst der äußere Rahmen der Arbeit eingegrenzt und definiert werden. Unter den Begriff „Erziehung" fällt hier, wie Eileen Power es formuliert, die

> Erziehung im weitesten Sinne des Wortes, als Vorbereitung auf das Leben. So verstanden umfasst Erziehung das Einprägen guten Benehmens, des rechten Glaubens und ordentlicher Haushaltsführung und nicht nur geistige Bildung, von der uns mittelalterliche Bücher verhältnismäßig wenig mitteilen"[1].

Des Weiteren geht es um Mädchen und Frauen aus der Handwerksschicht und z. T. der Unterschicht in den mittelalterlichen Städten Westeuropas. Die Handwerker gehörten vorwiegend zur Mittelschicht der Stadtbevölkerung, wobei „die Spitzengruppe der Handwerker" auch zur Oberschicht gehören konnte.[2] Hilsch sagt aus, dass die Erforschung der Unterschichten aufgrund der Quellenlage schwierig sei. Zur Unterschicht „gehörte die untergeordnete arbeitende Bevölkerung (Handwerksgesellen, Hilfsarbeiter, Dienstboten, Stadtwächter u.a.), aber auch Randgruppen (Bettler, Prostituierte, Aussätzige u.a.).[3] Zeitlich bezieht sich die Untersuchung, wie erwähnt, auf das Hoch- und vor allem das Spätmittelalter (ca. 1050-1500 n. Chr.), in dem die Entwicklung der Städte auch eine Veränderung der weiblichen Lebenssituation mit sich brachte.

---

[1]POWER, Eileen, Als Adam grub und Eva spann, wo war da der Edelmann? Das Leben der Frau im Mittelalter, Berlin 1984, S. 93-94.

[2]HILSCH, Peter, Das Mittelalter – die Epoche, Konstanz 2006, S. 184.

[3]Vgl. ebd.

Dies wird z.B. in den zu dieser Zeit entstandenen Stadtrechten deutlich. „Von 1120 ist das älteste deutsche Stadtrecht aus Freiburg i. Br. überliefert."[4] Laut Rossiaud ist um 1250 „das Städtenetz des vorindustriellen Europa im wesentlichen ausgebildet"[5].

---

[4] HILSCH, S. 183.

[5] ROSSIAUD, Jaques, Der Städter, in: Der Mensch des Mittelalters, hg. von Jaques LE GOFF, Frankfurt/New York 1989, S. 157.

## Allgemeine und konkrete Erziehungsziele in der Zeit des Hoch- und Spätmittelalters

Konkrete Ziele in der Mädchenerziehung bildeten die Unterweisung im christlichen Glauben, die Vorbereitung auf die Rolle der Hausfrau und Mutter und – in Handwerkerfamilien – die Ausbildung in einem Gewerbe.[6] Zudem geht aus didaktischen Schriften und Bußbüchern laut Shahar hervor, „welches Verhalten in welchem Stand und Beruf für Männer und Frauen als Norm angesehen wurde"[7] und worauf also allgemein in der Kindererziehung wertgelegt worden ist. Hier sollen drei Erziehungsziele genannt werden. Das höchste Erziehungsziel für alle Kinder lag in der Religion: die moralische Heranbildung zum christlichen Menschen hatte Vorrang vor allem anderen Wissen oder beruflichen Fertigkeiten.[8] So wurden den Kindern ihre Pflichten als Gläubige vermittelt, wie z.B. in die Kirche zu gehen, zu beten, sich an die Zehn Gebote zu halten und nach den christlichen Idealen „Glaube, Liebe Hoffnung, Nächstenliebe, Vernunft, Mäßigung, Seelenstärke"[9] etc. zu leben. Des Weiteren sollten Mädchen wie Jungen zu Bescheidenheit und Keuschheit erzogen werden, wobei die Erziehung der Mädchen in diese Richtung stärker ausgeprägt war:

> Großer Wert wurde [auch] darauf gelegt, die Mädchen Gehorsam zu lehren, da eine Frau dazu bestimmt war, ihr Leben lang gehorsam zu sein: in der Kindheit musste sie den Eltern und Lehrern gehorchen, als Erwachsene dem Ehemann, und wenn sie den Schleier nahm, mußte sie die Regeln des Ordens befolgen.[10]

Ein weiteres Erziehungsziel war die Vermittlung der herrschenden Gesellschaftsordnung, die „für gut und gerecht" befunden werden sollte, „da diese Gottes Wille entspreche und Teil der harmonischen Ordnung im Universum sei".[11] Auf diese Weise wurden den Kindern die Grenzen und Möglichkeiten ihrer gesellschaftlichen Stellung deutlich gemacht, die als gottgegeben akzeptiert werden sollte. Je nach Stand gab es allerdings Unterschiede in der Gewichtung und Auslegung der verschiedenen Erziehungsziele.

---

[6] Vgl. SHAHAR, Shulamith, Kindheit im Mittelalter, München 1991, S. 295.

[7] Ebd., S. 197.

[8] Vgl. SHAHAR, S. 196.

[9] Ebd., S. 196.

[10] Ebd.

[11] Ebd., S. 197.

Power nennt außerdem einen besonderen Wissenszweig, in dem Mädchen bzw. Frauen gebildet sein sollten: „Von allen Frauen wurde erwartet, daß sie etwas von Hausmedizin verstünden."[12] So seien Abhandlungen über Frauenkrankheiten für lesende Frauen in deren Muttersprache geschrieben oder übersetzt worden.[13] Power beschreibt, dass im Vorwort einer englischen Version der Trotula[14] aus dem 14. Jahrhundert der Übersetzer die lesenden Frauen aufruft, ihr Wissen an Analphabetinnen weiterzugeben, bzw. ihnen bei Frauenkrankheiten zu helfen und sie zu beraten, „ohne die Krankheit den Männern zu offenbaren".[15]

Allerdings beschränkte sich das von den Frauen erwartete Wissen auf die Hausmedizin im privaten Bereich bzw. die private Frauenheilkunde. Für alle anderen Belange waren die männlichen ausgebildeten Ärzte zuständig. Dennoch gab es Frauen mit großem Fachwissen, die als Ärztinnen – auch über Verbote hinweg - erfolgreich praktizierten.[16]

---

[12] POWER, S. 108.

[13] Vgl. ebd.

[14] Anmerk. d. Verf.: „**Trotula** (Trota), salernitan. Heilkundige d. 12. Jh., kann als Autorin der „Practica secundum Trotam", einem Traktat, mit allgemeinmed., pädiatr., obstetr. und gynäkolog. Schwerpunkten gelten. Darüber hinaus sind mit dem Namen der T. drei weitere lat. Traktate v. a. frauenheilkundl. Inhalts verbunden: die „Trota major", „Trota minor" und „De ornatu". Diese seien aber „tatsächlich Kompilationen anonymer Verfasser aus antiken salernitan. und arab. Quellen, die im europ. MA starken Einfluss im Bereich der Frauenheilkunde ausübten. Vgl. BOSSELMANN-CYRAN, Kristian, Artikel. „Trotula", Lexikon des Mittelalters, CD-ROM-Ausgabe, Verlag J. B. Metzler, LexMA 8, 1051-1052.

[15] Vgl. POWER, S. 108.

[16] Vgl. ebd., S. 108-109.

## Bildungsstand und -möglichkeiten für Frauen in Handwerkerkreisen und Unterschicht

Bildungsmöglichkeiten für Mädchen aus der Handwerkerschicht bestanden zum einen in der Gewinnung von „Fachwissen und Allgemeinbildung in der Lehre"[17] und zum Teil auch in einer „schulische[n] Grundausbildung für Mädchen der ärmeren Klassen...".[18] Vor dem 13. Jahrhundert hat es Schulen, die Mädchen (und Jungen) unterer Schichten aufnahmen, nicht gegeben. Zwischen dem 13. und 15. Jahrhundert sei laut Ketsch jedoch durch „die komplexeren wirtschaftlichen Gegebenheiten" in den Städten der Bedarf an „zumindest elementare[n] Schreib- und Rechenkenntnisse[n]" bei den einfacheren Kaufleuten und Handwerkern gewachsen.[19] Infolgedessen seien in dieser Zeit städtische Schulen, „die deutschen Lese- und Schreibschulen" entstanden, in denen die entsprechenden Grundkenntnisse vermittelt wurden.[20] Zudem seien auch private Elementarschulen gegründet worden.[21] Es seien hauptsächlich Jungen, aber auch Mädchen an derartigen Schulen unterrichtet worden[22], wobei laut Shahar die Zahl der Mädchen geringer gewesen sei.[23] Im Allgemeinen gehörte zumindest vor der Entstehung dieser Schulen das Lesen und Schreiben nicht zur Erziehung der niederen Klassen.[24] Boockmann bemerkt allerdings, dass „[u]m 1500 ... der Grad der Alphabetisierung in den Städten hoch gewesen sein [dürfte]", wobei viele – hauptsächlich männliche – Städter lesen, aber nicht schreiben konnten.[25]

Aus der untersten Schicht der Stadtbevölkerung, der Schicht der gelernten und ungelernten Lohnarbeiter, ist nach Ansicht Shahars am wenigsten bekannt.[26] „Wenn sie als Dienstboten in einem fremden Haushalt arbeiteten, lernten sie kein

---

[17] POWER, S. 98.

[18] Ebd.

[19] Vgl. KETSCH, Peter, Frauen im Mittelalter. Band 2: Frauenbild und Frauenrechte in Kirche und Gesellschaft, Düsseldorf 1984, S. 215.

[20] Vgl. ebd.

[21] Vgl. ebd.

[22] Vgl. ebd.

[23] Vgl. SHAHAR, S. 272.

[24] Vgl. POWER, S. 106.

[25] BOOCKMANN, Hartmut, Die Stadt im späten Mittelalter, ³München 1994, S. 333.

[26] Vgl. SHAHAR, S. 274.

Gewerbe, sondern verdienten lediglich ihren Lebensunterhalt."[27] So sagt auch Power: „Sicher ist, daß die überwiegende Mehrheit der Bauersfrauen und weiblichen Dienstboten keinerlei Bildung genossen."[28]

---

[27] Ebd.

[28] POWER, S. 106.

# Mädchenerziehung und Frauenbildung in der mittelalterlichen Stadt – Arbeit im weiblichen Lebenslauf

## Kindheit

Bis zum siebten Lebensjahr[29] war die Erziehung der Söhne und Töchter die Aufgabe der Mutter.[30] Laut Ketsch wurde „[d]ie Erziehung, auch die des Kleinkindes,… mit Strenge durchgeführt, denn anderenfalls würde das Kind verderben".[31] Die ersten sieben Jahre seien nach Ansicht Ketschs dennoch „als die eigentlichen und die sorglosen Kinderjahre, die mit Spiel und weniger mit Arbeit und Lernen verbracht wurden" anzusehen.[32] So haben die Frauen den Kindern Lieder vorgesungen, ihnen Märchen erzählt und sie das Sprechen und Beten gelehrt.[33] Zudem habe es eine Vielzahl von Spielen für Jungen und Mädchen gegeben, wobei Spiele und Spielzeug häufig der „geschlechtsspezifischen Sozialisation" dienten und die Kinder so „auf einige ihrer zukünftigen Arbeitsfelder" vorbereitet wurden.[34] Auch wenn die meisten Erziehungsaufgaben bei Kleinkindern von Frauen übernommen worden sind, gibt es in der Literatur auch einige Zeugnisse „väterlicher Liebe, Hingabe und Opferbereitschaft für das Kind in Notfällen"[35]. Boockmann äußert über die familiären Beziehungen im Spätmittelalter:

> Die Beziehungen zwischen Eltern und Kindern waren in einer großen spätmittelalterlichen Familie gewiß von anderer Art als die, welche für die moderne Kleinfamilie typisch sind…, [aber] eine zärtliche Zuneigung der Eltern zu ihren Kindern

---

[29] Anmerk. d. Verf.: „… die Dauer der einzelnen Altersstufen wurde ganz schematisch mit sieben Jahren [der heiligen Zahl] bzw. ihrem Vielfachen angegeben… Am verbreitetsten war das… von Isidor von Sevilla († 636) propagierte Modell: sechs Lebensalter mit einer jeweiligen Dauer von x mal 7 Jahren." Neben dem zahlensymbolischen Schematismus verlaufe auch die Entwicklung in der Kindheit innerhalb dieser ca. siebenjährigen Perioden (Zahnwechsel und Sprachentwicklung, Pubertät etc.). Vgl. NONN, Ulrich, Hg., Freiherr-vom-Stein-Gedächtnisausgabe. Quellen zur Alltagsgeschichte im Früh- und Hochmittelalter, Band 40a, Darmstadt 2003, S. 88. Shahar nennt für die Bezeichnung der Kindheitsphasen die „infantia" (von der Geburt bis 7 Jahre), die „pueritia" (bei Mädchen 7-12 Jahre, bei Jungen 7-14 Jahre), die „adolescentia" (7- 12/14 Jahre) und „juventus" als Phase nach der Adoleszenz. Vgl. SHAHAR, S. 29/30.

[30] Vgl. SHAHAR, S. 134.

[31] KETSCH, S. 212.

[32] Vgl. ebd.

[33] Vgl. SHAHAR, S. 135.

[34] Vgl. KETSCH, S. 212.

[35] Vgl. SHAHAR, S. 135 ff.

ungeachtet deren großer Zahl, ungeachtet auch der Alltäglichkeit ihres Todes, ungeachtet schließlich der Nüchternheit, mit welcher die älteren Kinder in die Hauswirtschaft einbezogen wurden, in den spätmittelalterlichen Städten nicht unbekannt gewesen sein kann.[36] Die eigentliche Erziehung und Ausbildung der Kinder begann mit dem vollendeten 7.Lebensjahr.[37] Ab diesem Zeitpunkt sollten die Söhne hauptsächlich vom Vater und die Töchter von der Mutter erzogen werden.[38] Bezüglich der Mädchenerziehung sagt Ketsch aus:

> Die Töchter der Handwerker wurden nicht nur von ihrer Mutter in die weiblichen Zweige der Hauswirtschaft eingeführt [...], sondern sie arbeiteten auch in der Werkstatt des Vaters oder der Mutter mit.[39]

Es bestand die Überzeugung, mit der Kindererziehung bzw. Ausbildung so früh wie möglich zu beginnen, „denn in dieser Zeit werde der Grundstein für die künftige Entwicklung gelegt: „Was Hänschen nicht lernt, lernt Hans nimmermehr'."[40] Kinder seien wie „frischer Ton oder halbflüssiges Wachs", welches sich noch gut formen ließe.[41] Es wurde angenommen, dass das Kind durch eine zeitig beginnende Ausbildung in seiner Arbeit am geschicktesten wird.[42] Ketsch führt außerdem aus, dass „in bäuerlichen Schichten und Handwerkerkreisen", in denen der Vater in der Regel ständig in der Familie anwesend war, die Integration der Kinder in den Arbeitsprozess bis zum siebten Lebensjahr bereits schon erfolgt war: „[E]in Kind mußte in diesem Alter notfalls bereits für seinen eigenen Lebensunterhalt aufkommen können."[43] Der Einbezug in die Arbeit sei schrittweise erfolgt, wobei die Kinder durch Beobachtung gelernt haben.[44] Auch Power gibt an, dass viele Kinder bereits in noch sehr jungem Alter arbeiteten:

---

[36] BOOCKMANN, S. 325.

[37] Vgl. KETSCH, S. 213.

[38] Vgl. SHAHAR, S. 134.

[39] KETSCH, S. 215.

[40] SHAHAR, S. 200.

[41] Vgl. ebd., S. 201.

[42] Vgl. ebd.

[43] Vgl. KETSCH, S. 213.

[44] Vgl. ebd.

„Ganz kleine Kinder halfen ihren Müttern zuhause Wolle vor dem Spinnen zu verlesen und zu krempeln".[45]

### Lehre

Viele Mädchen wurden laut Shahar wie ihre Brüder in einem Handwerk ausgebildet und haben schon früh mit dem Arbeiten begonnen, „obwohl sie nicht in allen Gewerben eine Lehre machen durften"[46]. Die Ausbildung der meisten Mädchen erfolgte eher bei den Eltern als in fremden Handwerksbetrieben.[47] Lehrmädchen in fremden Betrieben seien ähnlich behandelt worden wie die Lehrjungen, wobei es für heranwachsende Mädchen schwieriger gewesen sei „einem brutalen Meister die Stirn zu bieten"[48]: „Nicht selten verklagten die Eltern von Lehrmädchen den Meister, wenn er ihre Tochter prügelte."[49] Power äußert, dass Mädchen bei Männern und Frauen gleichermaßen in die Lehre gegangen seien, wobei „aber die Vermutung... nahe[liegt], daß weibliche Lehrlinge gewöhnlich unter der Obhut der Ehefrau des Lehrherren standen".[50] Als Lehrlinge lebten Mädchen bzw. Jungen „als Familienmitglied im Hause des Meisters" und sollten sich dort allgemein nützlich machen.[51] Zur Ausbildung gehörten neben der Vermittlung von Fachwissen „[d]ie Unterweisung in gutem Benehmen und sittlichem Wohlverhalten und die angemessene Bestrafung für Fehlverhalten"[52]. Außerdem habe die Frau, „da sie gewöhnlich im Betrieb ihres Mannes mitarbeitete, [das Lehrmädchen] sowohl in fachlicher als auch allgemeiner Hinsicht anleiten"[53] können.

Da der Ausbildungsbeginn der Kinder bereits im Alter von sieben Jahren bzw. schon früher begann, wurden sie auch bereits in sehr jungem Alter einem

---

[45] POWER, S. 71.
[46] SHAHAR, S. 272.
[47] Ebd., S. 273
[48] SHAHAR, S. 273.
[49] SHAHAR, S. 273.
[50] Vgl. POWER, S. 72.
[51] Vgl. ebd.
[52] Ebd.
[53] Ebd.

Handwerksmeister zur Lehre übergeben.[54] In den unteren Bevölkerungsschichten wurden Mädchen und Jungen z.b. als Dienstboten in fremde Häuser gegeben. Wie unter Punkt 3. erwähnt, erlernten die Kinder dort kein Gewerbe, sondern verdienten sich ihren Lebensunterhalt. Shahar macht eine Angabe über das Alter der Kinder:

> „Dem Florentiner Catasto[55] zufolge waren 41,5 Prozent der männlichen und 34,2 Prozent der weiblichen Dienstboten Kinder und Jugendliche im Alter von acht bis siebzehn Jahren."[56]

Zur wirtschaftlichen Lage der Unterschicht bemerkt Ennen:

> Die städtischen Unterschichten - Handwerksgesellen, Dienstmägde, Tagelöhner – sind zwar wirtschaftlich schwach und politisch rechtlos, aber es führen Übergänge zu den bessergestellten Schichten: Sparmöglichkeiten und damit Möglichkeiten des Aufstiegs hatten vor allem Dienstboten und Gesellen.[57]

Einige Mädchen, die als Dienstboten arbeiteten, sparten einige Jahre für eine Mitgift und heirateten dann; andere blieben ihr Leben lang ledige Dienstboten.[58] In der Lehre sei es nach den Erkenntnissen Powers üblich gewesen, dass die Lehrlinge

> das feierliche Versprechen [gaben], während der Lehrzeit nicht zu heiraten, keine Gastwirtschaft zu besuchen, die Geheimnisse des Meisters nicht auszuplaudern und ihm nicht mehr als 6 Pence im Jahr zu stehlen.[59]

---

[54] Vgl. ebd.

[55] Anmerk. d. Verf.: **Florentinischer Kataster (1427):** „„...umfassendste Steuererfassungssystem des ma. Italien Grundlage des florent. Ks bildeten relativ umfassende ‚Steuererklärungen'..." LUZZATI, Michele, Artikel „Florentinischer Kataster", Lexikon des Mittelalters, CD-ROM-Ausgabe, Verlag J. B. Metzler 2000, LexMA 5, 1061-1062.

[56] SHAHAR, S. 274.

[57] ENNEN, Edith, Die europäische Stadt des Mittelalters, Göttingen, [4]1987, S. 246.

[58] Vgl. ebd.

[59] POWER, S. 72/73.

Des Weiteren äußert Shahar: „Mädchen, die ihr Gewerbe im Elternhaus erlernten, wurden etwas später als Töchter wohlhabender Bürger verheiratet[60], häufig mit einem Mann aus dem Gewerbe des Vaters."[61]

### Arbeitswelt der Frauen nach Abschluss der Lehre

Frauen mit abgeschlossener Lehre konnten sich durch ihren Beruf ernähren[62] und spielten laut Power „eine den Männern ebenbürtige Rolle im wirtschaftlichen Leben der Nationen".[63]

> Das Wirtschaftsleben des Mittelalters stand Frauen offen, und sie spielten darin eine nicht unwesentliche Rolle. Es gab kaum ein Handwerk, das Frauen nicht ausgeübt hätten. Sie waren Metzgerinnen, Kerzenzieherinnen, Eisenwarenhändlerinnen, Netzknüpferinnen, Schusterinnen, Handschuhmacherinnen, Weiß- und Kurzwarenhändlerinnen, Gürtlerinnen, Täschnerinnen, Hutmacherinnen, Kürschnerinnen, Buchbinderinnen, Vergolderinnen, Malerinnen, Seidenweber- und Stickerinnen, Gewürzhändlerinnen, Schmiedinnen und Goldschmiedinnen, um nur einige Berufszweige zu nennen.[64]

### Verheiratete Frauen – Mithilfe im Familienbetrieb und selbstständige Arbeit

Die Ehe im Mittelalter bedeutete nicht, „daß eine Frau sich ganz dem Haushalt widmete und von Erwerbstätigkeit frei war", sondern dass diese weiter für ihren Lebensunterhalt und den der Familie arbeiten musste.[65] Laut Ennen deckten „die mittelalterlichen Einkommen... in den mittleren Schichten oft nur das Existenzminimum".[66] Die Arbeit „neben der Haushaltsführung und Kinderaufsicht" sei

---

[60] Anmerk. d. Verf.: „Bezeichnend für das frühe und hohe Mittelalter war das frühe Heiratsalter, die Pubertätsheirat". ENNEN, Edith, Frauen im Mittelalter, ⁵München 1984, S. 102. „Verfasser von Heiligengeschichten erwähnen gewöhnlich ein Alter um 12 oder 13 Jahren – das Alter, in dem man nach kanonischem Recht die Ehe eingehen oder ein religiöses Gelübde ablegen kann.... In ländlichen und niederen Volksschichten liege das Durchschnittsalter der Heirat selten höher als 17 oder 18 Jahre. Um 1450 und in 15. Jh. liegt das Alter bei der Landbevölkerung und städtischen Unterschichten bei unter 18 Jahren mit einer Tendenz, „die Ehe um ein oder zwei Jahre später einzulegen." KLAPISCH-ZUBER, Christiane, Die Frau und die Familie, in: Der Mensch des Mittelalters, hg. von Jaques LE GOFF, Frankfurt/ New York 1989, S. 325.

[61] SHAHAR, S. 274.

[62] Vgl. POWER, S. 73.

[63] Ebd. S. 65.

[64] POWER, S. 73.

[65] Vgl. ebd. 65/66.

[66] ENNEN, Die europäische Stadt des Mittelalters, S. 248.

daher vor allem in diesen Schichten üblich bzw. notwendig gewesen.[67] Die Ehefrau eines Handwerkers war häufig als dessen Gehilfin tätig und/oder ging einem Nebenerwerb nach.[68] Ehefrauen und Töchter wurden in vielen Zünften[69] über den Ehemann bzw. Vater in die Zunftmitgliedschaft miteinbezogen, die „wahrscheinlich allgemeinste Art der weiblichen Mitgliedschaft in Zünften".[70] Die „nichtprofessionelle" Mitarbeit der Frauen in der Werkstatt des Mannes wurde als eine Selbstverständlichkeit gesehen.[71] Viele ausgebildete verheiratete Frauen übten unabhängig von ihren Männern ihren Beruf weiterhin aus.[72] Allerdings sei die Zahl der Frauen, die im Betrieb des Mannes mithalfen, wahrscheinlich zahlreicher gewesen als die Menge der Frauen, die selbstständig einen Beruf ausübten.[73] Bei einer eigenständigen Tätigkeit der Frau sahen die „Bestimmungen vieler mittelalterlicher Städte... in solchen Fällen die Behandlung einer Ehefrau als Alleinstehende vor."[74] Dies hatte zur Folge, dass die Frau für ihre Geschäfte selbst verantwortlich war und der Mann bei Verschuldung oder Anklage seiner Frau herausgehalten wurde und dessen Besitz somit abgesichert war.[75] Power äußert hierzu:

> Ihrer Intention nach sollten sie die Ehemänner schützen, doch nichtsdestoweniger stellten sie eine bemerkenswerte Verbesserung der rechtlichen Stellung der Frau dar.[76]

Was die Zünfte angeht, konnten wirtschaftliche selbstständige Handwerkerinnen laut Uitz mit allen Rechten und Pflichten auch als Vollmitglieder aufgenommen

---

[67] Vgl. ebd.
[68] Vgl. POWER S. 67 und HILSCH S. 186.
[69] Anmerk. d. Verf.: Eine **Zunft** ist eine „Genossenschaft von (theoretisch) gleichberechtigten Meistern eines Handwerks". HILSCH, S. 185.
[70] Vgl. UITZ, Erika, Die Frau in der mittelalterlichen Stadt, Freiburg, 1992, S. 88.
[71] Vgl. POWER S. 68.
[72] Vgl. ebd. S. 73.
[73] Vgl. ebd., S. 68.
[74] Ebd., S. 73.
[75] Vgl. ebd.
[76] Ebd., S. 73, siehe auch KETSCH, S. 179 bzw. Zitat auf S. 10 dieser Arbeit; zur Stellung der Frau bzgl. der Muntschaft etc. in und vor Entstehung der Stadtrechte siehe KETSCH, Kapitel 4.

werden, sofern sie „eine absolvierte, durch die Zunft anerkannte Lehre" vorweisen konnten.[77] Hilsch äußert, dass den Frauen durchaus „der Eintritt in die Zünfte, teilweise auch Aufstieg zu Meisterehren,… häufig möglich" war.[78]

> Rein weibliche Zünfte im Seiden-, Garnmacherinnen- und Goldspinnerinnengewerbe existierten [unter anderem] in Köln. Dort waren die sehr selbstständige Stellung der geschäftliche Erfolg von Frauen, auch Handelsfrauen, besonders ausgeprägt...[79]

Im späten Mittelalter führten viele Frauen das Gewerbe ihres Ehemannes nach dessen Tod sogar selbstständig weiter.[80] Dies sei oft von den Männern erwartet worden und in zahlreichen Zunftordnungen so festgehalten gewesen.[81] In der Zunft galt für Witwen meist die „bedingte Mitgliedschaft" als Gegenstück zur „Vollmitgliedschaft".[82] Denn unter Umständen konnte „die notwendige Berufserfahrung nicht immer vorausgesetzt werden", sodass hierfür in vielen Bestimmungen „das Vorhandensein eines bewährten Gesellen zu[r] Bedingung gemacht" wurde.[83] Die Lehrlinge des Betriebes sollten ihre Lehrzeit nach testamentarischem Wunsch häufig bei der Ehefrau zu Ende führen.[84] Hieraus lässt sich schließen, dass die Arbeit dieser Frauen von professioneller Art gewesen sein muss und sich die Frauen mit dem Handwerk sehr gut auskannten. Power sagt aus:

> Diese so von den Witwen geleiteten Geschäfte reichten vom Großhandel, Schiffshandel und Geschäften mit der Krone bis zum Kleinhandwerk. Ein ziemliches Maß an Wissen und Können war erforderlich,… und geschäftsführende Witwen müssten sachkundige Personen gewesen sein, wohl in der Lage, ihr Eigentum zusammenzuhalten...[85]

Der oben bereits angedeutete Nebenerwerb von Frauen bildete neben der regulären Mithilfe im Familiengeschäft oder der eigenen Berufsausübung ein wichtiges Standbein.[86] Nebenbeschäftigungen umfassten Arbeiten in der Textilproduktion,

---

[77] Vgl. UITZ, S. 88-90.
[78] HILSCH, S.187.
[79] Ebd.
[80] Vgl. POWER, S. 68.
[81] Ebd.
[82] Vgl. UITZ, S. 88.
[83] Ebd., S. 88.
[84] POWER, S. 68.
[85] Ebd.
[86] Vgl. ebd. S. 77/78.

z.B. Spinnen und Weben sowie die Herstellung von Lebensmitteln, z.b. von Bier, Brot, Butter, Käse etc.[87] „Während die Männer sich normalerweise auf ein Handwerk beschränkten, findet man nicht selten Frauen, die zwei oder drei dieser Nebenbeschäftigungen gleichzeitig ausübten."[88] Weitere Tätigkeiten waren z.b. die Bearbeitung von Wolle, Seide und Leinen, das Handeln mit Korn oder die Herstellung und der Verkauf von Holzkohle.[89] Laut Power gab es Frauen, die bspw. als Weberin, Bierbrauerin und als Hökerin/Kleinhändlerin gleichzeitig arbeiteten.[90] Diese Nebentätigkeiten stellten neben der eigentlichen Haushaltsführung und Kindererziehung „in vielerlei Hinsicht den wichtigsten Beitrag der Frauen zum Wirtschaftsleben der Nation dar".[91] Die beschriebenen Erwerbsmöglichkeiten wurden aber nicht nur als Nebenerwerb, sondern – wie Hilsch erwähnt – auch als „selbstständige Berufsarbeit"[92] ausgeübt. In den Berufen der Spinnerei, Seidenbereitung, Weberei und Bierbrauerei hatten Frauen einen großen Anteil,

> „und viele gingen diesen Berufen mit einer so professionellen Regelmäßigkeit nach, daß sie den Titel ,Spinnerin', ,Weberin', ,Brauerin' führten, wie offizielle Dokumente und Kopf- und Sondersteuerlisten zeigen".[93]

### Ledige Frauen – Selbstständiges Erwerbsleben zwischen Armut und Auskommen

Nach Ansicht einiger Autoren, wie z.B. Power, „konnten nicht alle Frauen auf eine Ehe hoffen"[94], da der Frauenanteil in der Stadtbevölkerung höher als der der Männer gewesen sei. Borst erklärt hierzu: „In mittelalterlichen Städten bestand ansehnlicher Frauenüberschuß, zum Beispiel 1449 in Nürnberg im Verhältnis 100:88."[95] Heute ist die These vom Frauenüberschuss umstritten[96], was hier nicht

---

[87] Vgl. ebd. S. 78/79, 86.
[88] Ebd., S. 79.
[89] Vg. Ebd.
[90] Vgl. ebd.
[91] Ebd. S. 80.
[92] HILSCH, S. 186.
[93] Ebd.
[94] POWER. S. 67.
[95] BORST, Arno, Lebensformen im Mittelalter, Frankfurt/Main 1973, S. 71.
[96] Vgl. ENNEN, Die europäische Stadt des Mittelalters, S. 248 und HILSCH, S. 187.

weiter diskutiert werden soll. Es lässt sich jedenfalls aussagen, dass es auch ledige Frauen in den mittelalterlichen Städten gegeben hat. Ausgebildete unverheiratete Frauen wurden als „femmes soles"[97] bezeichnet und konnten sich ihren Lebensunterhalt durch ihren Beruf, wie oben genannt, eigenständig verdienen. Ennen äußert hierzu allerdings, dass sich in Bezug auf die Selbstversorgung „alleinstehende Frauen... oft in drückender Lage"[98] befanden. Ungelernte Frauen betätigten sich in den bereits beschriebenen Nebenbeschäftigungen und arbeiteten z.b. als Krämerinnen oder Mägde/Dienstboten[99]. „Ihre Hauptbeschäftigung [die der Mägde] ist die Arbeit im Haushalt, daneben leisten sie Hilfsarbeiten in der Werkstatt..."[100]. Andere waren Lohnarbeiterinnen z.b. für „Arbeiten im Weinberg oder Handlangerverrichtungen auf Baustellen"[101]. Was die Bezahlung angeht, beschreibt Uitz ein „ungleiches Lohnverhältnis für Knechte und Mägde" und auch für die Lohnarbeiterinnen: diese verdienten zum Teil nur den „halben Mannes- (=Kinder)lohn".[102] Borst sieht die Situation lediger Frauen in einem besonders negativen Licht: die Frau wurde durch den geschlechtsspezifischen Überschuss

> zur billigen ungelernten Arbeitskraft und zum Objekt männlicher Sinnlichkeit....
> In der städtischen Wirtschaft konnte sie ihren Unterhalt nur kümmerlich, etwa durch Prostitution bestreiten.[103]

Power und andere hier behandelte Autoren beschreiben die Möglichkeiten der Frauen nicht derart eingeschränkt: die Situation der Frauen wird teils zwar als schwierig beschrieben, jedoch wird nur bei Borst die Prostitution als einziges Beispiel für die Teilnahme am Erwerbsleben in der Unterschicht genannt. In Bezug auf Borsts Aussage erscheint es logisch, dass die Wahrscheinlichkeit in Armut oder von Prostitution zu leben bei ledigen ungelernten Frauen höher als bei verheirateten oder ausgebildeten ledigen Frauen war. Hilsch äußert wie auch andere Autoren: „In den städtischen Unterschichten waren Frauen wohl allerorts

---

[97] POWER, S. 73.

[98] ENNEN, Die europäische Stadt des Mittelalters, S. 248.

[99] Vgl. Power, S. 67/68, 70.

[100] UITZ, S. 93/94.

[101] Ebd. S. 93.

[102] Ebd. S. 94.

[103] Vgl. BORST, S. 71/72.

überproportional vertreten."[104] Prostitution gehörte an sich schon immer zum Stadtbild hinzu.[105] Es erscheint dennoch fragwürdig, warum zum einen ein (eventueller) Überschuss an Frauen diese zu Objekten männlicher Sinnlichkeit machte – weil ihre Zahl größer war – und zum anderen, dass ihnen für den Verdienst ihres Lebensunterhaltes nur z.B. die Prostitution übrigblieb. Dagegen wird von den anderen Autoren – wie erwähnt – eine ganze Reihe von Tätigkeitsbereichen für ledige Frauen aufgezeigt. Zudem äußert Wolf-Graaf:

> Die beste rechtliche Stellung erwirbt die Frau im Verlauf des Mittelalters…, wenn sie alleinstehend ist. Sie kann dann nämlich ohne Vormund ihre Geschäfte betreiben und vor Gericht auftreten.[106]

Dass Frauen in der mittelalterlichen städtischen Erwerbswelt rechtlich und faktisch Wege für ein selbstständiges Leben offenstanden, beschreibt auch Ketsch:

> Bereits relativ früh gestanden Stadtrechte selbstständig handeltreibenden, ledigen Frauen sowie Ehefrauen im Interesse eines geregelten Rechtsverkehrs die volle Verfügungsgewalt über ihr Eigentum zu.[107]

Angesichts der Möglichkeiten für ledige Frauen kann die Prostitution also nicht der einzige Weg – dies lässt Borst ja auch offen – gewesen sein.

In Bezug auf die verwendete Literatur lässt sich über die wirtschaftliche Lage lediger Frauen also sagen, dass ein großer Teil dieser Frauen zur Unterschicht gehörte und sich den Lebensunterhalt hart erarbeiten musste. Angesichts der rechtlichen Lage und der Vielfalt des Erwerbslebens in der städtischen Wirtschaft kann jedoch vermutet werden, dass ledige Frauen nicht ausschließlich in „kümmerlichen" Verhältnissen gelebt oder zur Randgruppe der Prostituierten gehört haben können, wobei es auch solche Fälle in mittelalterlichen Städten (zunehmend[108]) gegeben hat. „Armut" an sich wurde „als gegeben hin[genommen]" und ist außerdem relativ zu betrachten[109]:

> Die Dienstmagd war arm im Verhältnis zur Patrizierfrau, die sie beschäftigte, aber sie bekam genug zu essen, hatte einen Platz zum Schlafen, den abgelegten Mantel

---

[104] HILSCH, S. 187 und vgl. z.B. UITZ, S. 93.

[105] Vgl. ROSSIAUD, S. 185-187.

[106] WOLF-GRAAF, S.30.

[107] KETSCH, S. 179.

[108] ENNEN, Die europäische Stadt des Mittelalters, S. 249.

[109] Vgl. UITZ, S. 246.

ihrer Dienstherrin, und manche erhielten wohl auch noch ein Legat für Treue Dienste beim Tod des Arbeitgebers.[110]

---

[110] Ebd., S. 246.

## Schluss

Abschließend lässt sich sagen, dass ein sehr vielfältiges Bild über die Erziehung und Arbeit von Mädchen und Frauen im Verlaufe dieser Arbeit entdeckt worden ist. Meine Erwartung war eher, dass die Lebenswelt der meisten Frauen wesentlich beschränkter war, sodass diese sich z.b. stärker im Haus mit täglicher Hausarbeit, Spinnarbeit und Kindererziehung abspielte. Dass Frauen großen Anteil an der Arbeit im Familienerwerb hatten, oft zusätzlich Nebenbeschäftigungen nachgingen oder als selbstständige Handwerkerinnen u.ä. tätig waren, wurde in diesem Umfang nicht erwartet. Andererseits wäre es ebenso eine seltsame Vorstellung, dass die gesamte Wirtschaft und Arbeit in der Stadt von den Männern allein getragen wurde. Erstaunlich erschien mir außerdem, dass die Ausbildung und Arbeit der Kinder üblicherweise in sehr jungem Alter begann und die Kinder teilweise sehr früh zur Lehre oder Arbeit in fremde Hände gegeben wurden. Daraus lässt sich folgern, dass die Art und vor allem Dauer eines Familienlebens und auch das Aufwachsen in Kindheit und Jugend als Mädchen oder Junge im Vergleich zu heute sehr anders gewesen muss.

Was die verwendete Literatur betrifft, ist aufgefallen, dass diese in Bezug auf das behandelte Thema unter Umständen unterschiedliche Erkenntnisse liefert. Die Werke stellen z.B. – wie es bei der Konzentration auf ein Thema oft so ist – bestimmte Aspekte heraus, während andere unerwähnt bleiben. Die Zusammenfügung der Informationen gestaltete sich zum Teil schwierig, da diese manchmal widersprüchlich wirkten (wie z.B. über Zunftrechte oder das Erwerbsleben lediger Frauen). Es wurde trotzdem versucht, die Informationen sinnvoll zu verwenden.

## Literaturverzeichnis

BOOCKMANN, Hartmut, Die Stadt im späten Mittelalter, ³München 1994.

BORST, Arno, Lebensformen im Mittelalter, Frankfurt/Main 1973.

BOSSELMANN-CYRAN, Kristian, Artikel „Trotula", Lexikon des Mittelalters, CD- ROM-Ausgabe, Verlag J. B. Metzler 2000, LexMA 8, 1051-1052.

ENNEN, Edith, Die europäische Stadt des Mittelalters, Göttingen ⁴1987.

ENNEN, Edith, Frauen im Mittelalter, ⁵München 1984.

HILSCH, Peter, Das Mittelalter – die Epoche, Konstanz 2006.

KETSCH, Peter, Frauen im Mittelalter. Band 2: Frauenbild und Frauenrechte in Kirche und Gesellschaft, Düsseldorf 1984.

KLAPISCH-ZUBER, Christiane, Die Frau und die Familie, in: Der Mensch des Mittelalters, hg. von Jaques LE GOFF, Frankfurt/ New York 1989, S. 312-339.

LUZZATI, Michele, Artikel „Florentinischer Kataster", Lexikon des Mittelalters, CD- ROM-Ausgabe, Verlag J. B. Metzler 2000, LexMA 5, 1061-1062.

NONN, Ulrich, Hg., Freiherr-vom-Stein-Gedächtnisausgabe. Quellen zur Alltagsgeschichte im Früh- und Hochmittelalter, Band 40a, Darmstadt 2003.

POWER, Eileen, Als Adam grub und Eva spann, wo war da der Edelmann? Das Leben der Frau im Mittelalter, Berlin 1984.

ROSSIAUD, Jaques, Der Städter, in: Der Mensch des Mittelalters, hg. von Jaques LE GOFF, Frankfurt/ New York 1989, S. 156-197.

SHAHAR, Shulamith, Kindheit im Mittelalter, München 1991.

UITZ, Erika, Die Frau in der mittelalterlichen Stadt, Freiburg 1992.

WOLF-GRAAF, Anke, Die verborgene Geschichte der Frauenarbeit. Eine Bildchronik, Weinheim/ Basel 1983.

Anna Dück: Liebe und Ehe im Mittelalter. Rechte, Riten und Realität

## Einleitung

Norbert Elisas spricht in dem Vorwort zu einem Buch von Michael Schröter über Eheschließungsvorgänge die in den Köpfen vieler bestehende Vorstellung an, dass Ehe und Familie zu allen Zeiten und in allen Gesellschaften im Wesentlichen identisch seien. Doch er betont, dass sowohl Ehe als auch Familie Veränderungen unterliegen.[111]

Nach Michael Schröter steckt die Ehe heute in einer „Krise".[112] Lange und bis in unsere Tage hinein galt die Ehe als einzige legitime Form der Geschlechterbeziehung. Doch ihre Stellung in unserer Gesellschaft wurde erschüttert.[113] Die abnehmende Bedeutung der Ehe in unserer Gesellschaft lässt sich an der Zahl der Eheschließungen und an der relativ hohen Scheidungsrate ablesen. Wenn die Liebe aufzuhören scheint, wird der Ehe schnell ein Ende gesetzt.

Als eine sehr wichtige Bedingung für eine Eheschließung wird in der heutigen westlichen Welt die Liebe zwischen zwei Personen angesehen. Der Liebe würde man impulsiv zuschreiben, dass es sich bei ihr um ein erstaunliches Phänomen handelt, das bereits immer Bestand hatte. Eine der Fragen, um die es in dieser Arbeit gehen soll, ist die nach der Liebe zwischen den Ehepartnern im Mittelalter. War die Beziehung zwischen einem Mann und seiner Ehefrau eine Liebesbeziehung? War wie in unserer heutigen Gesellschaft bereits damals die Liebe der Grund für die Eheschließung zweier Personen? Gab es die Liebe im Mittelalter? Diese Fragen sind eingebettet in den Fragenkomplex, wie Ehe im Mittelalter zustande kam und gelebt wurde.

Da es sich bei der Ehe um eine noch heute bestehende gesellschaftliche Einrichtung[114] handelt, ist die Frage nach der Ehe im Mittelalter sicher nicht uninteressant und trägt dazu bei, heutige Prozesse und Entwicklungen im Bereich der Ehe reflektierter zu betrachten.

Es ist verständlich, dass nicht von „der" Ehe im Mittelalter gesprochen werden kann, da der Zeitraum, der als Mittelalter betrachtet wird, grob ein Jahrtausend

---

[111] Vgl. Elias, Vorwort, S. VII.

[112] Vgl. Schröter, Vorwort, S. XIII.

[113] Vgl. Elias, Vorwort, S. VII.

[114] Ebd., S. VII.

umfasst und sich in diesem Zeitraum viele Veränderungen im Bereich der Ehe vollzogen haben.

Als erstes soll es um den Beginn einer Ehe, die Eheschließung selbst gehen. Hierbei wird zuerst die Eheschließung im frühen Mittelalter behandelt und im Anschluss daran die Eheschließung in den späteren Jahrhunderten, in denen die Kirche Einfluss auf die Eheschließung genommen hat.

Punkt 3 befasst sich mit dem Eheleben. Wie war die Stellung von Mann und Frau in der Ehe? Wie sah ihre Beziehung zu einander aus? Themen sind auch Sexualität, Ehebruch und Scheidung.

Ein weiteres Thema ist unter 4 die Kirche und die Ehe. Wie hat die Kirche die Ehe gesehen? Welche Auswirkungen hatte der Einfluss der Kirche auf die Institution Ehe?

Unter Punkt 5 wird das bereits oben durchgeklungene Thema der Liebe in der Ehe behandelt. Spielte die Liebe bei der Partnerwahl eine Rolle? Gab es zwischen den Ehepartnern im Mittelalter bereits so etwas wie Liebe? Da diese Fragen auch unser Bild und unsere Vorstellungen von Ehe betreffen, ist es interessant zu beobachten, wie Ehe im Mittelalter aussah.

## Eheschließung und Eheform

### Die Eheschließung im frühen Mittelalter

Am Anfang einer Ehe steht die Eheschließung. Dies war vor Jahrhunderten nicht anders. Wie die vor der Eheschließung stattfindende „Partnerwahl" im Mittelalter aussah, wird unter 5.1 erläutert, da dieses Thema eng mit dem Aspekt der Liebe verbunden ist. In diesem Kapitel werden lediglich die Formen der Ehe und die Eheschließung, ausgehend von dem germanischen Recht, betrachtet.

Die Eheschließung war im Frühmittelalter zunächst ein rein weltlicher Akt.[115] Da es nach dem germanischen Recht nicht nur eine Eheform gab, unterschieden sich auch die Eheschließungsformen voneinander. Unterschieden werden muss zwischen der *Muntehe*, der *Friedelehe*, der *Kebsehe* und der *Raub-* oder *Entführungsehe*. Die verschiedenen Eheformen und die dazu gehörenden Eheschließungsformen sollen nun im Einzelnen erläutert werden.

*Muntehe*

Die *Muntehe* bildete im Frühmittelalter die regelmäßige und am häufigsten anzutreffende Form der Ehe,[116] bei der die Eheschließung durch einen Vertrag zwischen den beiden Sippen der zukünftigen Eheleute zustande kam, wobei dem Bräutigam aber schon früh die führende Rolle bei dem Vertragsschluss zugefallen sein muss. Die Rolle seiner Verwandten bestand dann in der Zustimmung und Unterstützung seiner Werbung. Auf die Zustimmung der Braut, die bloßes Objekt des Vertrages blieb, kam es rechtlich aufgrund der bestehenden Vormundschaft über sie nicht an.[117] Die vorherrschende Auffassung, dass die Braut lediglich verheiratet wurde ohne ihren Willen zu berücksichtigen, lässt sich jedoch quellenmäßig nicht sicher belegen. Eine Reihe von Rechten überlassen zwar dem Verlober die eigentliche Parteistellung bei dem Abschluss des für die Ehe maßgeblichen Vertrages, doch sie erkennen daneben an, dass die Zustimmung der Braut zu ihrer Verheiratung erforderlich ist.

---

[115] Vgl. Goetz, Leben im Mittelalter, S. 43.

[116] Vgl. Mikat, Ehe, Sp. 811.

[117] Ebd., Sp. 810f.

Der Wille der zukünftigen Ehefrau gewinnt besonders seit dem 7. Jahrhundert an Bedeutung für die Eheschließung.[118]

Fest steht, dass sich die Parteien des Vertrages wandelten. Zuerst wurde der Vertrag zwischen den beiden Sippen geschlossen, später lag der Vertragsschluss in der Hand des Bräutigams selbst.[119]

Für den zu schließenden Vertrag setzte sich die Bezeichnung *Verlobung (desponsatio)* durch. Die Sippe der Braut verpflichtete sich mit diesem Vertragsschluss dem Bräutigam beziehungsweise seiner Sippe gegenüber dazu, ihm die Frau zu übergeben und die eheherrliche Gewalt (*Munt*) über diese zu verschaffen.[120]

Das Verlöbnis war an bestimmte Rechtssymbole und Rituale gebunden. Bei einer Reihe von Stämmen wurden bestimmte Gegenstände, wie z.B. ein Handschuh, ein Schwert oder ein Mantel überreicht als Sinnbild des bevorstehenden Überganges der Gewalt über die Frau. Als Verlobungsrituale sind auch die Kniesetzung der Braut, der Verlobungskuss und der Verlobungstrunk überliefert. Es existierte auch die Sitte, dass der Bräutigam der Braut einen Gegenstand überreichte, um ihre Bindung zu symbolisieren. Wahrscheinlich diente hierzu nach römischem Vorbild ein Ring[121]. Dieser bedeutete, soweit die Zustimmung der Braut notwendig war, zugleich eine Festigungsgabe.[122]

Zu der Verlobung gehörte auch, dass der Bräutigam eine Brautgabe[123] oder wenigstens einen Anteil hierauf an die Sippe und später an die Braut selbst zahlte.[124] In der fränkischen Zeit trat die von den Verwandten zu leistende Mitgift in ihrer Bedeutung hervor.[125]

---

[118] Vgl. Schulze, Eherecht, S. 484f.

[119] Ebd., S. 483f.

[120] Vgl. Mikat, Ehe, Sp. 811.

[121] Erst in späterer Zeit wandelte sich der Verlobungsring zum Trauring. Die gegenseitige Ringgabe symbolisierte eine wechselseitige Bindung der Ehegatten. (Vgl. Schulze, Eherecht, S.496.)

[122] Vgl. Schulze, Eherecht, S. 496.

[123] Andere Bezeichnungen sind *Wittum* oder *dos*.

[124] Vgl. Goetz, Leben im Mittelalter, S. 41.

[125] Vgl. Mikat, Ehe, Sp. 812f.

Auf die Verlobung folgte die Trauung[126] (*traditio*), die feierliche Übergabe des Mädchens im Kreise der Verwandten, bei der die Braut dem Mann überantwortet wurde.[127] Gebräuchlich waren hier bestimmte Trauformeln. Die Bräuche entsprachen teilweise denen der Verlobung. Die Übergabe von Gegenständen wie Schwert, Hut oder Mantel symbolisierte, dass der Mann nun tatsächlich die Gewalt über die Frau erhielt. Eine weitere Symbolhandlung war, dass die Braut in einen von dem Mann gereichten Schuh stieg.[128] Doch waren die beiden Personen nach der Verlobung und der Trauung noch keine Eheleute.[129] Die Ehe kam vielmehr durch die nun folgende Heimführung[130] der Braut in das Haus des Mannes, das Hochzeitsmahl und die öffentliche, vor den Verwandten vollzogene Beschreitung des Ehebettes[131], die sich im Laufe des Mittelalters in eine Symbolhandlung verwandelte, zustande.[132] Die Beschreitung des Ehebettes behielt aber besonders für die Begründung der Standesgemeinschaft weiterhin eine entscheidende Bedeutung.[133]

Nach der Brautnacht übergab der Ehemann seiner Gattin zu ihrer Anerkennung als Hausherrin die Morgengabe. Eine weitere Sitte, die in der christlichen Zeit hinzukam, war der gemeinsame Gang der beiden Eheleute zur Kirche, um den priesterlichen Segen zu empfangen, bei dem die Frau einen besonderen Kopfschmuck trug.[134]

---

[126] Nach R. Schulze ist die Abfolge der Handlungen jedoch umstritten. R. Köstler und K. A. Eckhardt hätten jeweils auf Grund unterschiedlicher Quellen gezeigt, dass die Trauung dem Beilager entweder unmittelbar vorgehen oder ihm nachfolgen konnte. (Vgl. Schulze, Eherecht, S. 495.)

[127] Vgl. Mikat, Ehe, Sp. 813f.

[128] Vgl. Schulze, Eherecht, S. 496.

[129] Vgl. Mikat, Ehe, Sp. 813f.

[130] Hierbei handelte es sich um einen feierlichen Umzug, den Brautlauf, durch den die Eheschließung auch den Nachbarn kundgetan wurde. (Vgl. Schulze, Eherecht, S. 497.)

[131] Eine andere Bezeichnung für die Beschreitung des Ehebettes ist der Begriff Beilager.

[132] Vgl. Mikat, Ehe, Sp. 814f.

[133] Vgl. Schulze, Eherecht, S. 497.

[134] Vgl. Mikat, Ehe, Sp. 814f.

Die *Muntehe* zeichnete sich im Gegensatz zu den anderen bestehenden Eheformen durch die *Munt* des Mannes über seine Ehefrau aus.[135] Ihr kam insofern ein besonderer Charakter zu, als dass wenn ein Mann weitere Frauen haben wollte, er mit keiner weiteren die *Muntehe* eingehen durfte, da nur eine die Hausfrau sein konnte.[136]

*Friedelehe*

Eine weitere Eheform im Frühmittelalter war die *Friedelehe*. Bei dieser muntfreien Ehe kam die Eheschließung durch den *Konsens*[137] zwischen Mann und Frau, die öffentlichen Heimführung und die Bettbeschreitung zustande. Es fand jedoch keine Trauung statt, da sich die Frau nicht unter die Munt des Mannes begab. Auch erhielt die Frau keine Brautgabe, aber ebenso wie in der *Muntehe* am Morgen nach der Brautnacht die Morgengabe.[138]

Goetz äußert in Bezug auf die *Friedelehe* einschränkend, dass diese in den Quellen unter diesem Begriff nur wenig bezeugt sei und ihre Inhalte daher unsicher seien.[139]

Neben einer Ehefrau, mit der er die *Muntehe* einging, konnte ein Mann, wenn er es sich wirtschaftlich leisten konnte, mehrere Friedelfrauen besitzen. Einer Frau jedoch war es anscheinend nicht gestattet, mehrere *Friedelehen* einzugehen.[140] Die *Friedelehe* wurde häufig bei Standesungleichheit zwischen den beiden Partnern geschlossen,[141] denn durch diese Form der Ehe kam es zu keiner Standesgemeinschaft der Ehegatten und die Ehefrau befand sich gegenüber ihrem Ehemann in einer stärkeren Rechtsposition als bei der *Muntehe*, da sie nicht unter seiner *Munt* stand. Gerade vornehme Frauen gingen wohl die *Friedelehe* ein, wenn sie

---

[135] Vgl. Schott, Ehe, Sp.1629.

[136] Vgl. Mikat, Ehe, Sp. 815.

[137] Schulze jedoch erscheint die Lehre von der Friedelehe als „Konsensehe" fragwürdig. (Vgl. Schulze, Eherecht, S. 488.)

[138] Vgl. Mikat, Ehe, Sp. 816.

[139] Vgl. Goetz, Weltliches Leben in frommer Gesinnung?, S. 119.

[140] Vgl. Goetz, Leben im Mittelalter, S. 42.

[141] Vgl. Schott, Ehe, Sp. 1629.

sich nicht unter die Gewalt eines vielleicht sogar standesniedrigeren Mannes begeben wollten. Auch bei der Einheirat eines Mannes in eine Familie wurde oft die *Friedelehe* gewählt. [142]

*Kebsehe*

Ursprünglich hat das Kebsverhältnis sicher keine Ehe dargestellt, doch konnte es bei entsprechender Kundbarkeit eheähnliche Züge annehmen und wurde bei den Franken schon in merowingischer Zeit zur Ehe. Die *Kebsehe* konnte auf dem Befehl eines Mannes beruhen. Auch gegenüber Frauen, die beispielsweise im Krieg gefangen worden waren, konnte diese Form der Ehe erzwungen werden.[143]

Die *Kebsehe* entstand folglich durch die formlose und einseitige Bestimmung eines freien Mannes, der sich eine Unfreie zur Frau bestimmte.[144]

*Raub- oder Entführungsehe*

Das ältere germanische Recht kannte keine Unterscheidung zwischen Raub und Entführung. Unter Raub verstand man jedes Verschleppen eines Mädchens aus der Gewalt ihres Vormunds gegen dessen Willen. Der Wille der Geraubten selbst hatte hierbei keinerlei Bedeutung. Der Raub hatte die Fehde der Sippe der Frau zur Folge, denn die Rückgabe der Geraubten war nur durch eine Fehde zu erzwingen. Wenn sie erfolglos war oder ausblieb, hatte die eheliche Gemeinschaft Bestand.

Die Unterscheidung zwischen Raub und Entführung gehörte einer im 7. Jahrhundert einsetzende Entwicklung an, in der dem Willen der Frau größere Bedeutung zugemessen wurde.

---

[142] Vgl. Mikat, Ehe, Sp. 816f.

[143] Ebd., Sp. 817f.

[144] Vgl. Schott, Ehe, Sp. 1630.

Von Raub wurde dann gesprochen, wenn die Frau gegen ihren Willen aus der Gewalt ihres Vormundes gebracht worden war. Ihre Rückgabe an den Gewalthaber wurde in diesem Fall häufig angeordnet, während bei einer Entführung, die zur Bußleistung verpflichtete, die Ehe fortbestand.[145]

Bei allen *muntfreien* Ehen[146] war es so, dass die Eheschließung die zuvor bestehenden Gewaltverhältnisse über die Frau nicht aufhob, das heißt, dass die Frau nicht in die *Munt* ihres Mannes überging und auch keine Standesgemeinschaft zwischen den Ehepartnern zustande kam.

Eine Besonderheit im Zusammenhang mit Eheschließungen stellte die herrschaftliche Heiratsverfügung dar. Im germanischen Recht gab es zwei Ausprägungen dieser Heiratsverfügung. Einmal konnte eine Ehe von dem Herren in der älteren Zeit nicht nur gestattet, sondern auch verfügt werden. Nach einigen Stammesrechten konnte sogar einem freien Mann die Heirat durch Königsbefehl aufgetragen werden.[147]

*Ehehindernisse*

Eine Ehe zwischen zwei Personen war jedoch nicht immer möglich, denn es gab Ehehindernisse, die eine Ehe nicht zu Stande kommen ließen.

Wenn Ehehindernisse vorlagen, konnte zwischen zwei Personen keine Eheschließung erfolgen. Das germanische Recht kannte kein systematisches Ehehindernisrecht, doch Ehehindernisse waren vorhanden. So ist nach germanischer Eheauffassung das Eingehen einer Ehe bei Geschlechtsunreife[148], bei Friedlosigkeit[149],

---

[145] Vgl. Mikat, Ehe, Sp. 815f.

[146] Dazu gehörten die Friedelehe, die Kebsehe und die Raub- oder Entführungsehe.

[147] Vgl. Schulze, Eherecht, S. 492.

[148] Die Verlobung jedoch war mit fehlender Mündigkeit möglich, nur die Selbstverlobung des Jungen bildete hier eine Ausnahme. (Vgl. Schulze, Eherecht, S. 493.)

[149] Hier muss die notwendige öffentliche Heimführung unmöglich gewesen sein.

bei zu enger Verwandtschaft[150] oder bei Polygamie der Frau nicht möglich.[151] Des Weiteren weist das germanische Recht auf eine Reihe von Abwehrmaßnahmen gegen Eheschließungen hin, die eine Rechtsverletzung darstellen oder die als Störung der Gemeinschaftsordnung angesehen wurden. Hierzu gehörten die Eheschließung mit einer geraubten oder entführten Frau, mit einer Frau, die unter der Gewalt eines anderen stand oder mit der Frau und der Verlobten eines anderen Mannes. Falls es doch zu solchen Eheschließungen kam, ordneten die Volksrechte und Kapitularien[152] Bußfälligkeit an oder sprachen Strafdrohungen aus.

Als eine Störung der Gemeinschaftsordnung wurden auch die Eheschließung zwischen Freien und Unfreien beziehungsweise Halbfreien und zwischen Halbfreien und Unfreien angesehen und untersagt. Soweit nicht die Todesstrafe verhängt wurde, führte eine Zuwiderhandlung zunächst nicht zur Aufhebung der Ehe.[153] Soziale Rangunterschiede hatten demnach bei der Auswahl des zukünftigen Ehegatten erhebliche Bedeutung.[154] Auch Stammesverschiedenheit hinderte in älterer Zeit an einer Eheschließung zweier Personen.[155]

### Eheschließung unter dem Einfluss der Kirche im Hoch- und Spätmittelalter

Die Kirche hat zwar im Mittelalter keine spezifische Eheschließungsform entwickelt, doch sie drang auf eine Beteiligung an den Feierlichkeiten in Form des Ehesegens. Sie forderte ihn jedoch nicht als Voraussetzung zur Gültigkeit der Eheschließung.[156] Unter kirchlichem Einfluss ist das Eheschließungsrecht umgestaltet worden. Zunächst nahm die Kirche Einfluss auf die Gesetzgebung der germanischen Herrscher und auf die Volksrechte. Ab dem 10./11. Jahrhundert nahm sie

---

[150] Verwandtschaft war im germanischen Recht nur in sehr engen Grenzen ein Ehehindernis. Allgemein waren lediglich Ehen zwischen Aszendenten und Deszendenten sowie unter Geschwistern unzulässig. (Vgl. Schulze, Eherecht, S.493.)

[151] Die Vielweiberei des Mannes war jedoch erlaubt.

[152] Bei Kapitularien handelte es sich um Gesetze und Verordnungen der fränkischen Könige. (Vgl. Duden. Das große Fremdwörterbuch, S. 686.)

[153] Vgl. Mikat, Ehe, Sp. 823f.

[154] Vgl. Schulze, Eherecht, S. 494.

[155] Ebd., S. 494.

[156] Vgl. Mikat, Ehe, Sp. 818.

dann durch ihre eigene kirchliche Ehegesetzgebung Einfluss, da nun das kanonische Eherecht vorrangige Geltung in Bezug auf die Ehe beanspruchte.[157] Ein wichtiger Grund für die Herausbildung eines eigenen kirchlichen Eherechts war der Versuch, die Forderung Christi nach der Unauflöslichkeit der Ehe konkret durchzusetzen,[158] denn das germanische Recht kannte das Prinzip der Unauflöslichkeit nicht.[159]

*Konsens*

Eine Errungenschaft, bei der die Kirche eine große Rolle spielte und die die Ehe an sich sehr stark beeinflusst hat, war die Durchsetzung des Ehekonsenses. Mitte des 12. Jahrhunderts wurde von der Kirche der Grundsatz der Eheschließung in beidseitiger Willensentscheidung formuliert. Zwar war schon im Jahr 866 der Grundsatz der Heirat durch beidseitiges Einverständnis der zukünftigen Ehegatten von dem Papst Nikolaus I. formuliert worden, doch die Kirche fand bezüglich der Eheschließung damals vorerst nicht zu einem ungeteilten Standpunkt. Die auf dem Konsens beider Partner beruhende Eheschließung war ein römisches Modell.[160] Mit dem Ehekonsens schieden Raub und eine einseitige Verfügung des Mannes als Mittel zur Eheschließung, wie zum Beispiel bei der Raub- oder Entführungsehe, aus.[161] Auch ein erzwungener Konsens ließ die Ehe nicht zu Stande kommen.[162] Die Verheiratung der Kinder durch ihre Eltern wurde erschwert, doch wenn die Kinder zustimmten, war eine Verfügung der Eltern noch möglich.

Eine Ehe war dann gültig, wenn die beiden Partner einander aus freiem Willen das Ja-Wort gaben, auch wenn die Eltern dagegen oder äußere Umstände sehr eigenartig waren.[163] Erst durch die von der Kirche entwickelte Eheauffassung

---

[157] Ebd., Sp. 818.
[158] Vgl. Weigand, Ehe, Sp. 1623.
[159] Vgl. Schulze, Ehe, S. 498.
[160] Vgl. Otis-Cour, Lust und Liebe, S. 117f.
[161] Vgl. Mikat, Ehe, Sp. 819.
[162] Vgl. Weigand, Ehe, Sp. 1623.
[163] Vgl. Weigand, Ehe- und Familienrecht in der mittelalterlichen Stadt, S. 171.

wurde dem Einzelnen die Möglichkeit eröffnet, gegen den Willen seiner Angehörigen zu handeln. Es stellt sich jedoch die Frage, inwieweit es jungen Menschen in den verschiedenen Ständen gelang, dieses kirchliche Recht in die Praxis umzusetzen. Denn der weltliche Gesetzgeber verfügte nicht selten Strafen für diejenigen, die ohne die Einwilligung der Eltern heirateten, um sie dadurch von einer Verbindung abzuhalten, auch wenn keine Bestimmungen gegen das Kirchenrecht erlassen werden durften.[164] Die Stadtrechte zielten auf die Verhinderung des Ehekonsenses und bei einem Eheabschluss ohne die elterliche beziehungsweise verwandtschaftliche Zustimmung erfolgten Maßnahmen wie das Entfallen der Mitgift, das Erlöschen des Erbrechts oder sogar der Stadtverweis.[165]

*Die „rechte Ehe"*

Eigentlich hätte es für die Kirche nahe gelegen, die *Friedelehe*, die die Zustimmung der Frau zu der Eheschließung forderte, zum allein legitimen Ehetyp zu erheben, doch es liegt an der christlichen Eheauffassung, dass sie dies nicht tat. Die Friedelehe wurde vielmehr zu Konkubinat und Unzucht abgewertet, denn sie begünstigte die Polygamie und war leicht aufzulösen. Nach Meyer war es auch die Gleichstellung von Mann und Frau in der *Friedelehe*, die den Aussagen der Bibel nach der Auffassung jener Zeit widersprach.[166]

Im Verlauf des 9. Jahrhunderts wurde die *Muntehe* zur allein gültigen Eheform erhoben. Alle Beziehungen außerhalb der *Muntehe* wurden als Konkubinat bezeichnet.[167] Die *Muntehe* wurde die einzig „rechte Ehe". Hieraus lässt sich auch der Wert erklären, den kirchliche Rechtsquellen auf die Einhaltung der bei der *Muntehe* üblichen Vorgänge, wie Verlobung und Trauung, legen.[168]

---

[164] Vgl. Shahar, Die Frau im Mittelalter, S. 87.
[165] Vgl. Angenendt, Ehe im Mittelalter, S. 9.
[166] Vgl. Mikat, Ehe, Sp. 819.
[167] Vgl. Goetz, Weltliches Leben in frommer Gesinnung?, S. 119f.
[168] Vgl. Mikat, Ehe, Sp. 819.

*Eheschließung der „rechten Ehe"*

Nach kanonischem Recht konnte ein Verlöbnis mit dem vollendeten 7. Lebensjahr geschlossen werden. Dieses konnte auch durch die Eltern für die Kinder geschlossen werden, wodurch für die Kinder eine Verpflichtung entstand, wenn sie nicht direkt widersprachen. Allerdings konnten die Jugendlichen bei Erreichen des Eheschließungsalters[169] den Verlobungen durch ihre Eltern widersprechen und diese wurden dann aufgelöst.[170]

Vor der Durchsetzung des Ehekonsenses lag jedoch die Einführung des Konsensgedanken in die Eheschließungsform der *Muntehe*. Dies geschah im weltlichen Recht der fränkischen Zeit zunächst durch das Verbot, eine Frau gegen ihren Willen zu verheiraten. Zu diesem Zeitpunkt hatten familienrechtliche Gewalthaber noch das Verlobungsrecht über die Frau. Unter dem kanonischen Recht bildete sich dieses in ein Ehebewilligungsrecht zurück und verlor im 12. Jahrhundert schließlich ganz seine Bedeutung. Die Frau hatte jetzt das Recht zur Selbstverlobung. Nun kam die Ehe durch das üblicherweise im Kreise und mit Zustimmung der Verwandten gegebene Ja-Wort der Brautleute zustande. Dieser Akt konnte sowohl mit der Verlobung als auch mit der Trauung verbunden werden.

Als die Frau mit dem Zerfall der Geschlechtsvormundschaft das Recht zur „Selbstbetrauung" erhielt, trat an die Stelle des *Muntwalts* ein von den Brautleuten bestimmter „gekorener Vormund". Dieser gab die Brautleute zusammen. Die Stellung der *Trauwaltes* bildete sich jedoch um und er wurde zum Erfrager des Ja-Wortes beim Ringgeschäft. Bei dem *Trauwalt* konnte es sich um einen Geistlichen oder um einen Laien handeln. Ab dem 11. Jahrhundert schärften kirchliche Vorschriften jedoch ein, dass die Trauung vor der Kirchentür stattzufinden habe.[171] In manchen Stadtkirchen fand die Trauung vor einem „Brautportal" mit entsprechenden Skulpturen statt.[172] Im 12./13. Jahrhundert ging die Kirche dazu über, Laientrauungen zu verbieten und die priesterliche Mitwirkung, zusammen

---

[169] Das Eheschließungsalter betrug bei den Mädchen 12 Jahre, bei den Jungen 14 Jahre. (Vgl. Weigand, Ehe- und Familienrecht in der mittelalterlichen Stadt, S. 163.)

[170] Vgl. Weigand, Ehe- und Familienrecht in der mittelalterlichen Stadt, S. 163.

[171] Vgl. Mikat, Ehe, Sp. 820f.

[172] Vgl. Lengeling, Ehe, Sp. 1619f.

mit einem kirchlichen Aufgebotsverfahren, zur Pflicht zu machen.[173] Nach dem IV. Laterankonzil 1215 hatte ein Ehevorhaben vor der Eheschließung proklamiert zu werden. Falls diese Vorschrift nicht eingehalten wurde, drohte die Exkommunikation. Doch trotz allem kam es zu geheimen Eheschließungen.[174] Für solche geheimen, ohne die Beteiligung der Öffentlichkeit und daher nur schwer nachweisbar geschlossenen Ehen wurden die verschiedensten Orte genannt: Im Garten, in einem Laden, auf einem Feld, bei einer Hecke, in einer Küche oder im Bett.[175] Denn auch formlose und ohne Zeugen abgegebene Ehewillenserklärungen wurden als gültig behandelt. Die formlosen Eheschließungen sind auf den Sieg des Konsensgedankens und das Fehlen einer öffentlichen Eheschließungsform, die allein als gültig betrachtet wurde, zurückzuführen.[176] Es kam bezüglich der amtlichen Feststellung einer Ehe zu vielen, meist negativ endenden Prozessen.[177] Häufig gab ein Partner ein zweites Mal sein Ja-Wort und der verlassene Partner focht die Gültigkeit der neuen Ehe an.[178] Die geheimen Ehen waren ein soziales Übel, denen erst durch das Tridentinum mit der Einführung der Formpflicht bei der Eheschließung im Jahr 1563 Einhalt geboten werden konnte.[179]

*Ehehindernisse*

Wie oben bereits erwähnt wurde, musste eine geplante Eheschließung proklamiert werden. Durch diese Proklamation wurde die ganze Gemeinde in die Fahndung nach möglichen Ehehindernissen einbezogen, denn jeder war berechtigt und verpflichtet ein bestehendes Ehehindernis anzuzeigen.[180] Wie oben bereits gezeigt wurde, gab es nach dem germanischen Recht bereits eine Reihe von Ehehindernissen. Auf den kirchlichen Einfluss ist die Einführung weiterer Ehehindernisse

---

[173] Vgl. Mikat, Ehe, Sp. 820f.

[174] Vgl. Weigand, Ehe, Sp. 1624.

[175] Vgl. Weigand, Ehe- und Familienrecht in der mittelalterlichen Stadt, S. 172f.

[176] Vgl. Mikat, Ehe, Sp. 820f.

[177] Vgl. Weigand, Ehe, Sp. 1624.

[178] Vgl. Shahar, Die Frau im Mittelalter, S. 87f.

[179] Vgl. Weigand, Ehe, Sp. 1624.

[180] Vgl. Weigand, Ehe- und Familienrecht in der mittelalterlichen Stadt, S. 169.

zurückzuführen[181]: Das Ehehindernis der Verwandtschaft wurde ausgeweitet. So setzte sich schon früh das Eheverbot bei Geschwisterkindern durch und die Kirche versuchte auch die Ehe für Geschwisterenkel auszuschließen. Unter Berufung auf das Alte Testament wurde auch das Ehehindernis der Schwägerschaft eingeführt. Zusätzliche Ehehindernisse waren die geistliche Verwandtschaft und das Keuschheitsgelübde.[182]

Als die Kirche im Hochmittelalter dann die ausschließliche Gerichtsbarkeit über den Bestand der Ehe errang, setzte sie ihr Ehehindernisrecht vollständig gegenüber den älteren Anschauungen durch[183] und kontrollierte die Einhaltung durch die Ausübung der Ehegerichtsbarkeit. Die weltlichen Gesetzgeber hatten den Bestand der Ehe nun nicht mehr anzutasten.[184]

---

[181] Vgl. Mikat, Ehe, Sp. 824.
[182] Vgl. Schulze, Eherecht, S. 495.
[183] Ebd., S. 495.
[184] Vgl. Mikat, Ehe, Sp. 824.

## Eheleben

### Stellung von Mann und Frau

In dem folgenden Kapitel soll es um die Stellung von Mann und Frau innerhalb der Ehe gehen. Ausgehend von der Stellung von Mann und Frau im germanischen Recht werden die Veränderungen, die sich während des Mittelalters ergeben, skizziert.

*Munt des Mannes*

Das Verhältnis der Ehepartner war im germanischen Recht durch die geringe Rechtsstellung der Frau gekennzeichnet. Wenn die Frau mit dem Mann eine *Muntehe* eingegangen war, befand sie sich unter seiner Vormundschaft.[185] Die Hausgewalt des Mannes war unangefochten,[186] die Frau hatte sich seiner Hausherrschaft unterzuordnen.[187] Der Ehemann hatte einschneidende Herrschaftsrechte über seine Frau, er durfte sie bestrafen, verstoßen, veräußern[188] oder, wenn er sie beim Ehebruch ertappte, sogar töten. Das Recht stand eindeutig auf der Seite des Mannes.[189] Bei ungerechtfertigten Maßnahmen von Seiten des Mannes konnte die Frau bei ihrer Sippe, die zur Fehde gegen den ungerechten Ehemann schreiten konnte, Schutz suchen,[190] denn der Mann hatte zwar die Strafgewalt über sie, aber er hatte nicht das Recht, sie grundlos zu strafen.[191]

---

[185] Wenn sie keine *Muntehe* eingegangen war, blieb sie weiterhin unter der *Munt* ihrer männlichen Verwandten. (Vgl. Mikat, Ehe, Sp. 828.)

[186] Vgl. Goetz, Frauen im frühen Mittelalter, S. 201.

[187] Ebd., S. 201f.

[188] Schulze äußert Zweifel im Hinblick auf den Verkauf einer Frau. So ist nach verbreiteter Ansicht nicht die Frau als „Sache" der Erwerbsgegenstand, sondern das personenrechtliche Gewaltverhältnis über sie. (Vgl. Schulze, Eherecht, S. 482f.)

[189] Vgl. Goetz, Frauen im frühen Mittelalter, S. 203.

[190] Vgl. Mikat, Ehe, Sp. 828.

[191] Vgl. Schulze, Eherecht, S. 482.

Die Frau stand durch die *Munt* auch unter dem Schutz[192] ihres Gatten: Dieser hatte für sie zu sorgen und sie in der Öffentlichkeit und vor Gericht zu vertreten.[193] Die Ehefrau selbst war rechtlich nicht handlungsfähig, ihr Ehemann übernahm das Frauengut und haftete auch für die Delikte seiner Frau.[194] Goetz formuliert es folgendermaßen:

> In der Munt flossen demnach Herrschaft und Schutz zusammen: Die als selbstverständlich geltende Hausherrschaft des Mannes bedingte gleichsam den (Rechts)Schutz der Frau als eine daraus erwachsende Pflicht.[195]

An den Schutz der Frau durch ihren Ehemann musste vom Standpunkt des Rechts immer wieder erinnert werden.[196]

Das Verhältnis der Gatten hatte klar eine patriarchalische Struktur. Doch im Regelfall kennzeichnete trotzdem nicht eine völlige Rechtlosigkeit, sondern eine Minderberechtigung die Stellung der Frau. So konnte sie als Hausherrin im Rahmen der Hausgewalt ihres Gatten eine bevorzugte Stellung beanspruchen.[197] Trotz einer rechtlichen Unterordnung war die Frau keineswegs rechtlos und ohne Einfluss.[198] Ihre Minderstellung bedeutet laut Goetz nicht Missachtung, sondern die Frau sollte besonders geehrt und geschätzt werden.[199] Schulze spricht von einer „Wechselseitigkeit der eherechtlichen Beziehung", die trotz der patriarchalischen Struktur bestimmend war für das Verhältnis der Ehepartner.[200]

Auf dem Einfluss kirchlicher Auffassungen beruhte die allmähliche Besserstellung der Frau, die bereits in der fränkischen Zeit spürbar wurde. Die Frau blieb zwar weiterhin unter der *Munt* ihres Gatten, doch bei der Vormundschaft stand nun nicht mehr die Herrschaft, sondern der Schutz, den der Gatte seiner Frau zu

---

[192] Aufgrund der *Munt* des Mannes über die Frau sahen die mittelalterlichen Rechte keinen besonderen Schutz der Ehefrauen vor. (Vgl. Goetz, Weltliches Leben in frommer Gesinnung?, S. 129.)

[193] Vgl. Goetz, Frauen im frühen Mittelalter, S. 201f.

[194] Vgl. Mikat, Ehe, Sp. 828.

[195] Goetz, Frauen im frühen Mittelalter, S. 204f.

[196] Vgl. Goetz, Frauen im frühen Mittelalter, S. 205.

[197] Vgl. Schulze, Eherecht, S. 482.

[198] Vgl. Goetz, Weltliches Leben in frommer Gesinnung?, S. 131.

[199] Vgl. Goetz, Leben in Mittelalter, S. 50.

[200] Vgl. Schulze, Eherecht, S. 482.

gewähren hatte, im Vordergrund. Der Mann verwaltete das Vermögen der Frau und trat für sie beim Abschluss von Rechtsgeschäften und vor Gericht auf. Rechtsgeschäfte des täglichen Lebens durfte die Frau selbst tätigen. Im Spätmittelalter ist sogar die Entwicklung zu einer vollen Handlungs- und Prozessfähigkeit der Frau spürbar.[201]

Wichtig für die Stellung der Frau waren auch das Verbot der Polygamie, die Abschaffung des männlichen Verstoßungsrechtes[202] und die Forderung der ehelichen Treue des Mannes.[203]

*Unterordnung der Frau*

Die kirchliche Auffassung der Stellung von Mann und Frau hatte Einfluss auf die Beziehung der Ehepartner. Aus der Sicht der Theologen des Mittelalters bewies schon die Schöpfungsgeschichte, dass die Frau dem Manne nachgeordnet war.[204] Die rechtliche Minderstellung der Frau wurde theologisch damit begründet, dass Eva aus der Rippe Adams[205] erschaffen und als Erste vom Teufel verführt worden war. Diese Auffassung war nicht von Anfang an in der christlichen Anschauung vorhanden.[206] Doch nach Goetz hielten die mittelalterlichen Autoren die Unterordnung der Frau für selbstverständlich, in der Ehe sollte demnach eine Hierarchie herrschen. Die Frauen selbst erkannten diese Hierarchie an und verteidigten sie sogar.[207]

---

[201] Mikat, Ehe, Sp. 828f.

[202] Der Mann durfte sich von seiner Frau nicht scheiden lassen. (Vgl. Mikat, Ehe, Sp. 829.)

[203] Vgl. Mikat, Ehe, S.829.

[204] Vgl. Karnein, Wie Feuer und Wasser, S. 95.

[205] Die Erschaffung der Frau aus der Rippe des Mannes legten nach Goetz im 12. Jahrhundert Hugo von St. Viktor und Petrus Lombardus jedoch auch anders aus: Gott habe die Frau aus der Rippe des Mannes geschaffen, damit sie ihm als Gefährtin zur Seite stehe. (Vgl. Goetz, Leben im Mittelalter, S. 51.)

[206] Vgl. Goetz, Leben im Mittelalter, S. 51.

[207] Vgl. Goetz, Weltliches Leben in frommer Gesinnung?, S. 131.

Nach der kirchlichen Morallehre war eine Ehe dann gut, wenn der Mann regierte und die Frau bedingungslos gehorchte. Auch die kanonischen Rechtsvorstellungen bestimmen den Ehemann zum Haupt seiner Frau.[208]

## Sexualität

*Eheliche Sexualität*

Trotz der Tatsache, dass die Ehe für die Gesellschaft notwendig war, um die Gattung fortzupflanzen, bestand in der mittelalterlichen Kultur ein gewisser Zweifel über die moralische Bewertung jeglicher sexuellen Betätigung.[209] Auf der einen Seite war der ganze Bereich der Sexualität im Mittelalter eher negativ besetzt.[210] Das die mittelalterliche Mentalität grundsätzlich prägende Verständnis von Sexualität war ein negatives und ein Schuld erzeugendes, da die Sexualität ihrer Entstehung nach als Folge der Erbsünde galt und ihr Ziel sündhafte Gedanken und Handlungen waren.[211] Unter Rückgriff auf Paulus und Augustinus[212] wurde im Mittelalter die vollständige Vermeidung sexueller Handlungen als ethisches Ideal propagiert.[213] Die Verwerfung der Sexualität wurde den Menschen durch Predigten eingetrichtert.[214] Die Theologen und Kanonisten des 12. Jahrhunderts bezeichneten die eheliche Lust grundsätzlich als Sünde, auch wenn sie diese bei rechter Intention zu einer lässlichen minderten.[215]

Auf der anderen Seite kam es trotzdem nicht zu einer kompletten Ablehnung der Sexualität, auch wenn die Kirche auf eine lange Tradition der Verherrlichung der Jungfräulichkeit und der Askese zurückblickte.

---

[208] Vgl. Klapisch-Zuber, Frauenalltag im Spätmittelalter, S. 292ff.

[209] Vgl. Karras, Sexualität im Mittelalter, S. 139f.

[210] Vgl. Dinzelbacher, Europa im Hochmittelalter 1050-1250, S. 127.

[211] Vgl. Dinzelbacher, Europäische Mentalitätsgeschichte, S. 74.

[212] Augustinus setzte die Sexualität schon in der Paradiesehe voraus, aber deutete das dazugehörige Lustgefühl als Folge des Sündenfalls. (Vgl. Goetz, Weltliches Leben in frommer Gesinnung?, S. 135.)

[213] Vgl. Hergemöller, Sexualität, Sp. 1812.

[214] Vgl. Dinzelbacher, Europa im Hochmittelalter 1050-1250, S. 127.

[215] Vgl. Angenendt, Ehe im Mittelalter, S. 15.

Im Hoch- und Spätmittelalter kam es zu einer positiveren Bewertung der Sexualität.[216] Gegen Ende des Mittelalters entwickelte die Kirche sogar selbst eine Theorie und Praxis, die den Geschlechtsverkehr in der Ehe in ein positiveres Licht stellte. Kanonisten und weltliche Obrigkeiten stimmten laut Otis-Cour darin überein, dass die Sexualität in der Ehe eine legitime Angelegenheit sei.[217] Neu scheint gegen Ende des Mittelalters auch zu sein, dass eine Tendenz aufkam, die in Richtung auf eine größere gesellschaftliche Akzeptanz der Sexualität hindeutete. Diese lasse sich nach Dinzelbacher am deutlichsten in der Mode ablesen, die in vorher undenkbarer Weise geschlechtsspezifische Details betone.[218]

Fortpflanzung

In der Theologie und Kanonistik wurde gelehrt, dass die Ehe hauptsächlich zum Zweck der Nachkommenschaft eingerichtet sei mit dem Verweis auf die Einsetzung der Ehe im Paradies mit den Worten aus Genesis 1, 28 „Seid fruchtbar und vermehrt euch".[219] Da ohne die Sexualität keine Fortpflanzung stattfinden konnte, gab es keinen anderen Weg, als diese im Rahmen der Ehe zu akzeptieren.

Der Geschlechtsverkehr sollte innerhalb der Ehe und mit der Absicht, Kinder zu zeugen, erlaubt sein.[220] Nach überwiegender Lehre wurde der Geschlechtsverkehr zur Erzeugung von Nachkommenschaft als unbedenklich angesehen.[221] In diesem Zusammenhang war die Empfängnisverhütung verboten und wurde als schwer sündhaft angesehen. Abtreibungen oder der nachträgliche Kindsmord wurden schwer bestraft. Die Kirche sah ihre Aufgabe im Schutz des menschlichen Lebens von Anfang an.[222] Abtreibungen waren aber wohl nicht sehr verbreitet.[223]

---

[216] Ebd., S. 15.

[217] Vgl. Otis-Cour, Lust und Liebe, S. 111.

[218] Vgl. Dinzelbacher, Europäische Mentalitätsgeschichte, S. 86.

[219] Vgl. Weigand, Liebe und Ehe im Mittelalter, S. 180.

[220] Vgl. Dinzelbacher, Europa im Hochmittelalter 1050-1250, S. 129.

[221] Vgl. Weigand, Liebe und Ehe im Mittelalter, S. 181.

[222] Ebd., S. 182f.

[223] Vgl. Ennen, Frauen im Mittelalter, S. 102.

Vermeidung der Unzucht

Als ein weiterer Zweck der Sexualität wurde die Vermeidung der Unzucht angesehen. Außerhalb des Paradieses sei es nach der ersten Einsetzung der Ehe sozusagen zu einer zweiten Einsetzung der Ehe gekommen, wonach wegen der Gefahr der Unzucht der Geschlechtsverkehr innerhalb der Ehe stattfinden durfte.[224] Der Geschlechtsverkehr, der als Hilfsmittel gegen die Triebhaftigkeit betrachtet wurde, zählte zu den pflichtschuldigen Aufgaben[225], die von den Ehepartnern wechselseitig eingefordert werden durften.[226] Der Verkehr auf Bitten des Partners wurde meist als unbedenklich eingeschätzt, während der Verkehr zur Vermeidung der eigenen Unenthaltsamkeit meist als lässige Sünde angesehen wurde. Der Verkehr nur um der Geschlechtslust Willen wurde allerdings in den meisten Fällen als schwer sündhaft eingeschätzt. Im 13. Jahrhundert, als sich zumindest teilweise allmählich eine positivere Sicht der Geschlechtlichkeit durchgesetzt hatte, wurde der Verkehr nur um der Geschlechtslust Willen als lässig sündhaft gewertet.[227]

Die Sexualpraxis selbst wurde durch Verbotsmaßnahmen reglementiert. So hatten sich die Ehepartner bei Schwangerschaft, Menstruation, Fastenzeiten und an Sonn- und Feiertagen zu enthalten.[228] Seit dem frühen Mittelalter haben die Männer der Kirche einen Kalender der Termine aufgestellt, an denen sich Mann und Frau vereinigen durften, ohne dass die Kirche Einspruch erhoben hätte.[229] Die Bußbücher widmeten gerade diesem Aspekt viel Aufmerksamkeit.[230] In der alltäglichen Realität lebten die Eheleute wohl häufig im Zwiespalt zwischen ihren Wünschen und den kirchlichen Auflagen.[231]

---

[224] Vgl. Weigand, Liebe und Ehe im Mittelalter, S. 180f.

[225] Aus theologischer Sicht handelte es sich bei dem Beischlaf um eine eheliche Pflicht. (Vgl. Goetz, Weltliches Leben in frommer Gesinnung, S. 136.)

[226] Vgl. Hergemöller, Sexualität, Sp. 1812.

[227] Vgl. Weigand, Liebe und Ehe im Mittelalter, S. 181f.

[228] Vgl. Hergemöller, Sexualität, Sp. 1812.

[229] Vgl. Klapisch-Zuber, Die Frau und die Familie, S. 323.

[230] Vgl. Goetz, Frauen im frühen Mittelalter, S. 233.

[231] Vgl. Goetz, Weltliches Leben in frommer Gesinnung?, S. 137.

*Außereheliche Sexualität*

Voreheliche Sexualität

Grundsätzlich war die Sexualität unmittelbar mit der Ehe verbunden und war nur hier erlaubt. Alles andere galt als Unzucht.[232] Jeder Unverheiratete sollte sich von jeglicher Unzucht, besonders von dem vorehelichen Geschlechtsverkehr mit Frauen, fernhalten. Das Verbot des vorehelichen Geschlechtsverkehrs wurzelte darin, dass der außereheliche Verkehr dem Ideal des allein den Eheleuten zur Zeugung erlaubten Verkehrs widersprechen würde.[233]

In der Realität war der Bereich der männlichen Sexualität nach Duby jedoch durchaus nicht auf den ehelichen Rahmen beschränkt. Die Moral verpflichtete den Ehemann dazu, sich mit seiner Frau zufrieden zu geben, doch sie hinderte ihn keineswegs daran, sich vor seiner Ehe anderer Frauen zu „bedienen".[234] Unter den Unverheirateten war das Konkubinat weit verbreitet. Es stellte sich die Frage, wie mit einem unverheirateten Mann verfahren werden sollte, der die Beziehung zu einer einzigen Konkubine unterhielt. Es entwickelte sich eine ganze Denkschule, deren Vertreter das Konkubinat Unverheirateter zu rechtfertigen versuchten.[235] Die kirchlichen Gerichte in England, Frankreich und Deutschland aber verfolgten jeden Mann, der im Konkubinat lebte. Im 13. Jahrhundert wurde sogar eine spezielle Bestrafung für unverheiratet Rückfällige entwickelt. Diejenigen, die erneut wiederholt wegen des Konkubinats vorgeladen wurden, sollten sexuellen Beziehungen entsagen. Falls sie danach doch rückfällig werden sollten, galten sie automatisch als verheiratet.[236]

Obwohl die Jungfräulichkeit bei Mädchen gepriesen wurde,[237] waren nach Opitz voreheliche Beziehungen innerhalb der bäuerlichen Bevölkerung auch für Frauen nicht ungewöhnlich.[238]

---

[232] Vgl. Goetz, Frauen im frühen Mittelalter, S. 232.

[233] Vgl. Lutterbach, Sexualität im Mittelalter, S. 116ff.

[234] Vgl. Duby, Die Frau ohne Stimme, S. 15f.

[235] Vgl. Otis-Cour, Lust und Liebe, S. 71ff.

[236] Ebd., S. 74.

[237] Vgl. Duby, Die Frau ohne Stimme, S. 15f.

[238] Vgl. Opitz, Frauenalltag im Mittelalter, S. 178f.

Prostitution und Konkubinat

Nach dem germanischen Recht war nur die Frau zur ehelichen Treue verpflichtet. Der Mann durfte auch außerhalb der Ehe der Befriedigung seiner sexuellen Bedürfnisse nachgehen.[239] Er konnte Ehen mit mehreren Frauen eingehen, so dass die *Friedelehe*, die *Kebsehe* und die *Raub-* oder *Entführungsehe* als eine Art von Konkubinat gelten können.

Später kam es zur Forderung der Monogamie und der ehelichen Treue des Mannes. In Bezug auf die Monogamie bezog die Kirche eindeutig Stellung und verurteilte es, wenn ein Mann mehrere Konkubinen oder neben seiner Ehefrau eine Geliebte hatte.[240]

Im frühen Mittelalter war die Prostitution aufgrund der wenigen schriftlichen Zeugnisse in den Dörfern wahrscheinlich nur eine unwichtige Randerscheinung.[241]

Die im Hoch- und Spätmittelalter in den städtischen Frauenhäusern stattfindende Prostitution stand im Widerspruch zum Moralsystem und trotzdem gab es sie.[242] Man hielt die Prostitution im Mittelalter für unvermeidlich, erst Mitte des 13. Jahrhunderts kam überhaupt jemandem die Idee, sie abzuschaffen. Nach Otis-Cour war es der heilige Ludwig und sein franziskanisches Gefolge. Allgemein lässt sich im Mittelalter weniger eine moralische Verachtung der Prostitution an sich, als eine soziale Feindseligkeit gegenüber den Prostituierten feststellen.[243]

Seit dem späten 14. Jahrhundert waren Frauenhäuser in allen Städten anzutreffen und sollten der Kanalisierung der sexuellen Bedürfnisse der unverheirateten Handwerksgesellen dienen.[244] Doch außerehelicher Verkehr war, besonders in höheren Kreisen, nicht unüblich.[245] Auch wenn nach kirchlicher Lehre die Ehe der einzige Ort war, wo Sexualität gelebt werden durfte, wurde von der weltlichen

---

[239] Vgl. Spiewok, Ehe, Ehebruch und seine Folgen in mittelalterlicher Literatur und Wirklichkeit, S. 76.

[240] Vgl. Otis-Cour, Lust und Liebe, S. 71.

[241] Vgl. Wemple, Frauen im frühen Mittelalter, S. 196.

[242] Vgl. Hergemöller, Sexualität, Sp. 1812.

[243] Vgl. Otis-Cour, Lust und Liebe, S. 90f.

[244] Vgl. Opitz, Frauen im Spätmittelalter, S. 294.

[245] Vgl. Goetz, Leben im Mittelalter, S. 60.

Ethik der Sexualität des Ehemannes weit mehr Freiraum gewehrt als der der Ehefrau. Da aus einer Ehe legitime Nachkommen hervorgehen sollten, musste die Frau in ganz besonderer Weise kontrolliert werden.[246]

Prostituierte galten im Mittelalter als ein eigener Berufsstand. Ihr Status und ihre soziale Lage gestalteten sich in den Jahrhunderten ganz unterschiedlich. Die Gesellschaft schwankte zwischen Verachtung, Mitleid, Verfolgung und Anerkennung als unvermeidliches Übel. Ihre Kunden waren weltliche Geistliche, Mönche, Studenten, Ehemänner, Handwerkslehrlinge und Gesellen und die vielen Reisenden wie Kaufleute und Bauern, die ihre Waren auf den Markt brachten.[247]

Doch neben den Männern gab es auch Frauen, die außerehelichen Beziehungen nachgingen. Im Allgemeinen waren die Frauen sehr darum bemüht, nichts von ihren außerehelichen Beziehungen an die Öffentlichkeit dringen zu lassen. In den unteren Schichten konnten sexuelle Beziehungen freizügiger ausgelebt werden, da hier weniger Familieninteresse und -ehre an dem Körper und der Treue der Frau festgemacht wurde.[248]

### Ehebruch

*„Nur die Frau begeht Ehebruch..."*

Wie oben bereits gesagt wurde, gab es im Mittelalter sexuelle Beziehungen außerhalb der Ehe. Um das Thema Ehebruch soll es in dem folgenden Kapitel gehen.

Eine Tatsache, die heute in Bezug auf den Ehebruch verwundert, ist, dass sich nach germanischem Recht nur die Ehefrau gegenüber ihrem Mann des Ehebruchs schuldig machen konnte, nicht umgekehrt. Als Ehebruch wurde der geschlechtliche Verkehr einer Ehefrau mit einem anderen Mann angesehen.[249]

---

[246] Vgl. Opitz, Frauen im Spätmittelalter, S. 294.

[247] Vgl. Markmann, Frauen im Mittelalter, S. 63ff.

[248] Vgl. Opitz, Frauenalltag im Mittelalter, S. 176ff.

[249] Vgl. Lieberwirth, Ehebruch, Sp. 836f.

Der Ehefrau waren geschlechtliche Beziehungen außerhalb der Ehe verboten, dem Mann hingegen nicht.[250] Nur eine Frau, die in einer rechtsgültigen Ehe lebte, konnte sich des Ehebruchs schuldig machen.

Der Grund dafür, dass nur die Frau Ehebruch begehen konnte, war, dass nicht die Institution der Ehe, sondern die *Munt*[251] des Mannes als zu schützendes Objekt angesehen wurde. Der Ehebruch wurde daher als ein Eingriff in die Rechte des Mannes aufgefasst.[252] Da es sich um einen Eingriff in seine Rechte handelte, traf die Frau keine öffentliche Strafe, sondern der Ehemann durfte sie bedingungslos bestrafen in einem Maße, das er für angemessen hielt. Er hatte das Recht seine Frau zu verstoßen, sie zu töten[253] oder zu veräußern. Schimpfliche Verstoßungen der Ehefrau fanden oft in der Anwesenheit von Nachbarn und Verwandten statt, so dass eine ähnliche Öffentlichkeit gewährleistet war wie bei der Eheschließung.[254] Für eine Frau hatte ein Ehebruch den Verlust ihre Rechte im Verhältnis zu ihrem Mann und auch das Verlieren des Schutzes ihrer Sippe zur Folge.[255]

Dem Ehebrecher drohte im Allgemeinen, wenn er bei der eigentlichen Tat überrascht worden war, der Tod.[256] Außerdem konnte gegen den Ehebrecher Rache geübt werden und bei einer Überführung hatte er mit Verknechtung und Bußzahlung zu rechnen.[257]

Falls ein Mann eine geschlechtliche Beziehung mit einer Frau hatte, blieb er straffrei.[258] Das germanische Recht machte folglich große Unterschiede zwischen Mann und Frau bezüglich des Ehebruchs.

---

[250] Vgl. Schulze, Ehebruch, S. 479.

[251] Schulze ist jedoch anderer Meinung. Ihm scheint es mißdeutig, die *Munt* des Mannes als zu schützendes Recht anzusehen, da es auch *muntfreie* Ehen gab. (Vgl. Schulze, Ehebruch, S. 479.)

[252] Vgl. Lieberwirth, Ehebruch, Sp. 836f.

[253] Ebd., Sp. 837.

[254] Vgl. Schulze, Ehebruch, S. 480.

[255] Ebd., S. 479f.

[256] Vgl. Lieberwirth, Ehebruch, Sp. 837.

[257] Vgl. Sellert, Ehebruch, Sp. 1655.

[258] Vgl. Schulze, Ehebruch, S. 479.

*Schutz der Institution Ehe*

Seit der fränkischen Zeit zeichnete sich unter dem Einfluss der Kirche ein Wandel in der einseitigen Auffassung des Ehebruches ab. Die Kirche hatte grundsätzlich stets die Auffassung gehabt, dass Mann und Frau einen Ehebruch begehen konnten, denn die Ehe sollte als Institution geschützt werden und ein Ehebruch bedrohte diese Institution.[259]

Diese Lehren fanden auch Eingang in die mittelalterliche Rechtsordnung der Kirche, das kanonische Recht, doch wurden sie vom weltlichen Recht nur widerstrebend übernommen.[260] Nur teilweise kam es zu einer Durchsetzung dieses Gedankens im weltlichen Bereich. In Italien zum Beispiel wurde gegen Ehebrecher bereits seit dem 8. Jahrhundert vorgegangen. In der Folgezeit wurde jahrhundertelang ein Kampf zwischen den kirchlichen Anschauungen und den Ansichten der Volksrechte geführt. Diese Auseinandersetzung ging auch dann noch weiter, als der Ehebruch eindeutig in den Kompetenzbereich der geistlichen Gerichtsbarkeit fiel.[261] In verschiedenen Quellen lässt sich wenigstens teilweise das Bemühen der Kirche erkennen, den Ehebruch zu bestrafen und es nicht bei einem Bußverfahren[262] durch Selbstanklage zu belassen. So kam es zur Verhängung von Geldstrafen oder zur Verurteilungen zur Teilnahme an öffentlichen Prozessionen im Bußgewand, wenn zum Beispiel die Geldstrafe nicht gezahlt werden konnte.[263]

Seit dem 14. Jahrhundert setzte sich in den weltlichen Rechten, besonders in den Städten, eine Gleichstellung von Mann und Frau in Bezug auf den Ehebruch durch. Gleichzeitig fand die Zurückdrängung der geistlichen Gerichtsbarkeit statt.[264]

Bis jetzt ging es in diesem Kapitel nur um die rechtliche Seite des Ehebruchs, doch welche Rolle spielte er tatsächlich?

---

[259] Vgl. Lieberwirth, Ehebruch, Sp. 837.

[260] Vgl. Sellert, Ehebruch, Sp. 1655.

[261] Vgl. Lieberwirth, Ehebruch, Sp. 837.

[262] In sogenannten Bußbüchern finden sich auch Bestimmungen über die Buße nach einem Ehebruch. (Vgl. Weigand, Ehebruch, Sp. 1651.)

[263] Vgl. Weigand, Ehebruch, Sp. 1652f.

[264] Vgl. Lieberwirth, Ehebruch, Sp. 837.

Inwieweit der Ehebruch zum ehelichen Alltag zählte, ist sicher schwer nachzuweisen. Die ständig wiederholten Verbote sprechen immerhin dafür, dass die von Seiten der Kirche geforderte Treue in der Ehe keineswegs gewissenhaft eingehalten worden ist, obwohl Ehebruch auch nach weltlichem Recht schwer bestraft worden ist.[265]

Da die Frau legitime Nachkommen zur Welt bringen sollte, war für sie der Ehebruch zwangsläufig schwerwiegender als für den Mann.[266] Nach Henri Bresc war der Ehebruch für Männer im Spätmittelalter eine Form der Prahlerei, eine Herausforderung des Gegners, die die Ehefrau akzeptierte und von der Justiz selten bestraft wurde.[267] Er geht jedoch nicht darauf ein, ob dies für die Zeit des Früh- und Hochmittelalters ebenso galt.

### Scheidung

*„Eine Möglichkeit des Mannes?!"*

Anders als bei dem kanonischen gab es im germanischen Recht kein Prinzip der Unauflöslichkeit der Ehe.[268] Allgemein konnte die Ehe außer durch den Tod eines Gatten durch die einseitige oder beidseitige Aufhebung der ehelichen Gemeinschaft aufgelöst werden. Die verschiedenen Eheformen, die nach dem germanischen Recht vorhanden waren, unterschieden sich auch hinsichtlich ihrer Auflösung: Die *Friedelehe* konnte sowohl von der Frau als auch von dem Mann gelöst werden.[269] Bei der *Kebsehe* hingegen konnte nur der Mann die Ehe lösen.[270]

---

[265] Vgl. Goetz, Weltliches Leben in frommer Gesinnung?, S. 137.

[266] Vgl. L'Hermite-Leclercq, Die feudale Ordnung, S. 240.

[267] Vgl. Bresc, Stadt und Land in Europa zwischen dem 13. und 15. Jahrhundert, S. 191.

[268] Vgl. Schulze, Ehe, S. 498.

[269] Vgl. Mikat, Ehe, Sp. 825.

[270] Vgl. Schott, Ehe, Sp. 1630.

Bei der *Muntehe* gestaltete sich eine Scheidung als etwas schwieriger: Die Ehe konnte durch ein beidseitiges Einverständnis, das bei der sippenrechtlichen Struktur von den Sippen ausgehen musste und später von Mann und Frau, aufgelöst werden.

Eine weitere Möglichkeit war die Auflösung der Ehe durch den Ehemann, die Verstoßung[271] genannt wurde.[272] Hier wurde zwischen Verstoßungen mit und ohne Grund unterschieden. Eine Verstoßung mit Grund musste von der Sippe der Frau hingenommen werden. Verstoßungsgründe waren Unfruchtbarkeit[273], Ehebruch oder Lebensnachstellung.[274] Die grundlose Verstoßung stellte eine Normverletzung dar und löste die Ehe ebenso wie die Verstoßung mit Grund, denn die Frau musste nicht gegen den Willen des Mannes seine Ehefrau bleiben. Sie forderte die Vergeltung durch die Frauensippe heraus[275] und nach den Volksrechten wurde der Mann bußfällig, musste mit vermögensrechtlichen Nachteilen rechnen und verlor die *Munt* über seine Ehefrau.[276]

Die einseitige Trennung der *Muntehe* von Seiten der Frau hatte in der Regel keine ehelösende Wirkung und galt als unbefugtes Verlassen des Mannes und damit als *Muntbruch*. Der Mann konnte in diesem Fall die Rückkehr seiner Frau fordern. Wenn diese bei ihrer Sippe oder anderen Zuflucht suchte, hatten diese sie herauszugeben. Der Ehemann besaß auch das Recht, seine Frau für den Trennungsversuch zu züchtigen. Nach Schulze sah das burgundische Recht für das Verlassen des Mannes sogar die Todesstrafe vor. Einige Rechte gaben der Frau in engen Grenzen das Recht, sich von ihrem Mann zu trennen, wenn ein sehr schweres Vergehen des Mannes gegenüber seiner Frau vorlag, wie zum Beispiel Lebensnachstellung oder Verleitung zum Ehebruch.

---

[271] Viele mächtige Männer verstießen ihre Frauen aus Unfruchtbarkeit, da sie keine männlichen Erben gebaren, wegen Ehebruchs oder wegen angeblich zu naher Blutsverwandtschaft der Eheleute. (Vgl. Otis-Cour, Lust und Liebe, S. 66.)

[272] Vgl. Schulze, Eherecht, S. 498.

[273] Wenn die Verstoßung nicht auf einem schweren unrechten Verhalten der Frau beruhte, sondern zum Beispiel auf der Unfruchtbarkeit, beschwor der Mann die Rache der Frauensippe herauf. (Vgl. Mikat, Ehe, Sp. 825.)

[274] Vgl. Schulze, Eherecht, S. 498.

[275] Ebd., S. 498f.

[276] Vgl. Mikat, Ehe, Sp. 825.

Nach einer vermutlich spät einsetzenden Entwicklung erhielt die Frau in einigen Rechten auch das Recht, sich von ihrem unfreien Ehemann einseitig loszusagen, um sich ihre Freiheit zu erhalten.[277]

*Unauflöslichkeit der Ehe*

Der kirchliche Einfluss auf das Ehescheidungsrecht wurde im Frankenreich im 8. Jahrhundert deutlicher wirksam. Die Kirche befürwortete allgemein das Prinzip der Unauflöslichkeit der Ehe und die lebenslange Monogamie. Mit dem Hinweis auf verschiedene Aussagen im Neuen Testament wurde die Ehe für unauflöslich erklärt.[278]

Doch zunächst wurde das fränkisch-kirchliche Recht von dem germanischen Recht beeinflusst und es gab die Möglichkeit einer Ehescheidung bei Ehebruch und aus anderen, dem Ehebruch gleichgestellten Gründen wie Lebensnachstellung oder der Eintritt der Frau in ein Kloster.[279] Scheiden lassen durften sich zwei Personen im 8. Jahrhundert auch bei nachträglich festgestelltem niedrigerem Rechtsstand, bei Herkunft aus einem fremden Volk, bei Hörigen, die unterschiedlichen Herren dienten und bei Impotenz oder körperlichen Gebrechen.[280] Solche anfangs noch hinreichenden Scheidungsgründe wurden später nicht mehr anerkannt.[281]

Im 9. Jahrhundert vollzog sich eine konsequente Hinwendung zum völligen Ausschluss der Ehescheidung.[282] Die Synode von Tribur im Jahr 895 erkannte nur noch Unzucht als Scheidungsgrund an und untersagte eine Wiederheirat.[283]

Der kanonische Grundsatz, dass eine gültig geschlossene und vollzogene Ehe unter Christen nur durch den Tod aufgelöst wird, kam erst vollständig zum Tragen, als die Kirche die ausschließliche Ehegesetzgebung und -gerichtsbarkeit erlangt

---

[277] Vgl. Schulze, Eherecht, S. 499.

[278] Vgl. Shahar, Die Frau im Mittelalter, S. 74.

[279] Vgl. Mikat, Ehe, Sp. 826.

[280] Vgl. Goetz, Weltliches Leben in frommer Gesinnung?, S. 121.

[281] Vgl. Goetz, Frauen in frühen Mittelalter, S. 186.

[282] Vgl. Mikat, Ehe, Sp. 826.

[283] Vgl. Goetz, Weltliches Leben in frommer Gesinnung?, S. 121.

hatte.[284] Doch es dauerte lange, bis sich die neuen Ehevorschriften in der Gesellschaft durchsetzten.[285]

Auch wenn die Scheidung nicht erlaubt war, konnte gelegentlich die Trennung eines Paares vollzogen werden, da es sich nie um eine rechtlich anerkannte Ehe gehandelt hatte und die Ehe schlicht für ungültig erklärt wurde. Die Ungültigkeit einer Ehe wurde bei zu engem Verwandtschaftsgrad, geistlicher Verwandtschaft oder einer vorehelichen sexuellen Beziehung zwischen einem Mann und einer Verwandten seiner Frau bescheinigt. Auch wenn die Ehe unter Zwang geschlossen worden war und das Paar seine Zustimmung nicht wirklich gegeben hatte, galt eine Ehe als ungültig.

Eine weitere Möglichkeit, quasi ein Mittelweg zwischen Ungültigkeit und Trennung der Ehe, war die Beendigung einer nicht vollzogenen, einer unvollkommenen Ehe.[286]

Doch auch wenn die Kirche sich entschieden gegen die Ehescheidung stellte, wurden einige Ehescheidungen genehmigt, wie zum Beispiel im Falle König Ludwigs VII. von Frankreich (1137-1180) und Eleonores von Aquitanien im Jahre 1152. Ruth Karras meint, dass die Genehmigung von einigen Scheidungen zeige, dass es scheinbar nicht so sehr um das Prinzip der Unauflöslichkeit ging, sondern um das Vorrecht der Kirche, solche Entscheidungen zu treffen.[287]

---

[284] Vgl. Mikat, Ehe, Sp. 826.

[285] Vgl. Otis-Cour, Lust und Liebe, S. 69.

[286] Vgl. Otis-Cour, Lust und Liebe, S. 68.

[287] Vgl. Karras, Sexualität im Mittelalter, S. 141.

## Die Kirche und die Ehe

Wie bereits deutlich geworden ist, hatte die Kirche einen enormen Einfluss auf die mit der mittelalterlichen Ehe verbundenen Rechte und Riten. Im Kapitel 4.1 soll aufgeführt werden, wie die Kirche die Ehe gesehen hat. Unter 4.2 wird dann auf die Auswirkungen des kirchlichen Einflusses auf die Institution Ehe eingegangen.

### Ehe aus der Sicht der Kirche

Nach Pierre Guichard ist die Ehe in den Augen Papst Gregor I., der um das Jahr 600 den Satz von Paulus „Wenn sie aber nicht enthaltsam leben können, sollen sie heiraten" kommentierte, nur eine Notlösung. Am Ende der Antike und im frühen Mittelalter herrschte innerhalb der Kirche ein tiefes Misstrauen gegen die Institution Ehe.[288]

Die mittelalterlichen Theologen bemühten sich jedoch darum, diese Anregung des Apostel Paulus abzuschwächen und den Wert der Ehe zu betonen,[289] denn trotz dezeurst vorhandenen Idealisierung der Ehelosigkeit stand die kirchliche Theorie der Ehe doch insgesamt positiv gegenüber.[290] Die Kirche bejahte die Ehe[291]: Die Ehe wäre von Gott eingesetzt und die natürliche Lebensgemeinschaft von Mann und Frau. Auch der dreifache Zweck der Ehe galt als gut. Sie diente nach Meinung der Theologen zuerst der Fortpflanzung, sollte der Verbreitung der Liebe förderlich sein[292] und diente der Vermeidung von Unzucht.[293]

---

[288] Vgl. Guichard/Cuvillier, Europa in der Zeit der Völkerwanderungen, S. 28ff.

[289] Vgl. Goetz, Weltliches Leben in frommer Gesinnung?, S. 122.

[290] Vgl. Goetz, Leben im Mittelalter, S. 44.

[291] Vgl. Ennen, Frauen im Mittelalter, S. 101.

[292] Nach Goetz lässt sich hieraus ableiten, dass die Ehe zur Liebe führte und nicht umgekehrt. (Vgl. Goetz, Leben im Mittelalter, S. 44.)

[293] Vgl. Goetz, Leben im Mittelalter, S. 44.

In der religiösen Vorstellung des Mittelalters galten Hochzeit und Ehe als göttlichen und paradiesischen Ursprungs.[294] Die Kirche verstand die Ehe als eine spirituelle Beziehung, als ein von Christus eingerichtetes Sakrament und als Berufung.[295]

Dennoch bestand zwischen der Bewertung der Jungfräulichkeit und der Bewertung der Ehe seit der frühsten Zeit des Christentums durch das Mittelalter hindurch bis in die Neuzeit eine Spannung. Obwohl die Argumente gegen die Ehe nicht ganz verschwunden sind, gab es in der mittelalterlichen Geschichte einige Phasen, in denen die Kirche und die Gesellschaft im Allgemeinen größeren Wert auf die Ehe legten. Eine solche Phase war die Zeit vom späten 11. bis in das 12. Jahrhundert.[296]

In der Kirche des Westens wurde die Ehe im 12. Jahrhundert zum Sakrament erhoben.[297] Dies bedeutete nicht nur das Ende einer langen theologischen Debatte, sondern auch den Triumph des kirchlichen Modells.[298] In diesem Jahrhundert gelang es der Kirche, ihre Auffassung von Ehe durchzusetzen.[299]

### Auswirkungen des kirchlichen Einflusses

Der Zugriff der Kirche auf die Ehe ist ab dem 8. Jahrhundert nachweisbar. Nach Schau kontrollierte die Kirche die Ehe total und entwickelte ihr Ehe-Programm grundsätzlich als Macht- und Kontrollinstrument.[300] Auf die verschiedenen Bereiche der Ehe, auf die die Kirche Einfluss nahm und die sie entscheidend geprägt und mit verändert hat, ist in den vorangegangenen Kapiteln bereits eingegangen worden. Das kirchliche Eherecht griff als Wächter über die Rechtmäßigkeit der

---

[294] Vgl. Goetz, Weltliches Leben in frommer Gesinnung?, S. 115f.

[295] Vgl. Karras, Sexualität im Mittelalter, S. 128.

[296] Ebd., S. 140.

[297] Vgl. Prevenier/de Hemptinne, Ehe, Sp. 1635.

[298] Vgl. Vecchio, Die gute Gattin, S. 120.

[299] Vgl. Karras, Sexualität im Mittelalter, S. 128.

[300] Vgl. Schau, Liebes- und Ehe-Paradigmen in der Geschichte, S. 7.

Ehe und des Ehealltags entscheidend in die Ehepraxis ein.[301] So forderte die Kirche beispielsweise Monogamie, eheliche Treue, Unauflöslichkeit der Ehe und Unterordnung der Frau ihrem Ehemann gegenüber. Seit dem 12. Jahrhundert kontrollierte die Kirche auch mit Erfolg, welche Ehen überhaupt erlaubt seien, indem sie regelte, dass bei zu enger Verwandtschaft der zukünftigen Partner keine Eheschließung erfolgen durfte[302] oder die Ehe für ungültig erklärt wurde.

Auch der Konsensgedanke wurde von der Kirche durchgesetzt. Dies geschah laut Schau aus bis jetzt noch nicht geklärten Gründen,[303] doch fest steht, dass die Ehe durch das Prinzip der Gegenseitigkeit, dass der Liebe laut Schau eine Chance ließ,[304] in entscheidendem Maße beeinflusst wurde. Die Forderungen der Kirche haben die Ehe geprägt und haben dazu beigetragen, dass die Ehe das ist, was sie heute ist.

---

[301] Vgl. Goetz, Leben im Mittelalter, S. 44.

[302] Vgl. Karras, Sexualität im Mittelalter, S. 129.

[303] Vgl. Schau, Liebes- und Ehe-Paradigmen in der Geschichte, S. 7.

[304] Ebd., S. 7.

## Liebe und Ehe

### Partnerwahl

Heutzutage heiraten zwei Menschen in den meisten Fällen dann, wenn sie sich lieben und ein gemeinsames Lebens führen möchten. Doch wie sah es im Mittelalter in Bezug auf Liebe und Partnerwahl aus? Gab es bereits so etwas wie Liebe und spielte sie bei der Partnerwahl eine Rolle? Wie sah diese Partnerwahl aus? Um dieses Fragen soll es nun gehen.

Auch wenn es im frühen Mittelalter mehrere Formen der Ehe gab, so stellt Goetz allgemein fest, dass die Ehen eher dem Willen der Eltern als der zukünftigen Partner und vor allem der Braut entsprachen. Im Laufe der Zeit forderten kirchenrechtliche Bestimmungen dann die Zustimmung der Braut und noch später konnte eine Eheschließung nur bei beidseitigem Konsens der künftigen Eheleute erfolgen. Doch auch dann wurden viele Ehen weiterhin von den Eltern gestiftet. In der Oberschicht war die Eheschließung häufig ein Mittel zum sozialen Aufstieg und eine politische Angelegenheit, so dass Liebesheiraten nach Goetz wohl nicht häufig vorkamen.[305]

Meier stimmt Goetz zu und führt an, dass Ehen in der Regel nicht aus Liebe geschlossen wurden, sondern dass sie bei Bauern und Handwerkern zur Begründung einer wirtschaftlichen Überlebensgemeinschaft und bei Bürgern und Adeligen zur Versorgung von Töchtern, zur Netzwerkbildung oder zur Friedenssicherung dienten.[306] Was zählte, war nicht die persönliche Sympathie oder Liebe, sondern die soziale Stellung, das Ansehen und die Ehre der Familie.[307] Besonders innerhalb des Adels kam es zu aufwendigen Eheverhandlungen, denn durch die ehelichen Verbindungen entstanden zwischen den Familien Machtbeziehungen. Den jungen Frauen kam nicht die Rolle zu, bei der „Partnerwahl" mitreden zu können.[308]

Diese Meinung vertritt auch Dinzelbacher. Ihm nach wurden in der ganzen Epoche des Mittelalters Heiraten fast ausschließlich von den Vätern der Familien nach wirtschaftlichen, politischen und sozialen Gesichtspunkten vereinbart, ohne dass

---

[305] Vgl. Goetz, Leben im Mittelalter, S. 40f.

[306] Vgl. Meier, Gefürchtet und bestaunt, S. 116.

[307] Vgl. Opitz, Evatöchter und Bräute Christi, S. 22.

[308] Ebd., S. 22.

die zu Verheiratenden einen Einfluss darauf gehabt hätten. Diese Vereinbarungen und Verheiratungen der Kinder seien in allen Gesellschaftsschichten anzutreffen gewesen.[309] Daher könne nicht von einem Liebespaar gesprochen werden, da Gefühle in der gesellschaftlichen Praxis für die Eheschließung unwichtig waren.[310] Fluchten, Entführungen und heimliche Vermählungen seien Ausnahmen gewesen, auch wenn sie besonders im Spätmittelalter zu belegen sind.[311] Auch Bresc vertritt die Meinung, dass es voreheliche Liebe im Mittelalter kaum gegeben zu haben scheint.[312]

Otis-Cour gibt zu bedenken, dass man es am Ausgang des Mittelalters jedoch zweifellos nicht für ideal hielt, wenn allein die Familie den künftigen Ehemann auswählte.[313] Die Eltern und Verwandten begannen einzusehen, dass es klug war, die Zuneigung bei der Planung von Ehen zu berücksichtigen.[314] Die ideale Wahl des Ehepartners beruhte demnach eher auf der Übereinstimmung zwischen Tochter und Vater.[315] Der freie Konsens der Partner sollte die einzige Basis der Eheschließung werden, doch ihm wurde lange Widerstand geleistet.[316]

Die Frage, ob es im Mittelalter bereits so etwas wie Liebe gegeben hat, soll in dem nächsten Kapitel zur Sprache kommen. Vorab lässt sich jedoch festhalten, dass es die voreheliche Liebe im Mittelalter kaum gegeben hat. Vor dem Bestehen des Prinzips des gegenseitigen Einverständnisses kann es so etwas wie die voreheliche Liebe nicht gegeben haben, da die Ehen von den Eltern arrangiert wurden, die nicht nach dem Willen der Kinder fragten. Nach dem Prinzip der Gegenseitigkeit wäre die voreheliche Liebe möglich gewesen, doch hat es sie nach Auffassung vieler Wissenschaftler kaum gegeben und die Liebe bildete keine Voraussetzung für die Eheschließung.

---

[309] Vgl. Dinzelbacher, Europäische Mentalitätsgeschichte, S. 80.
[310] Vgl. Dinzelbacher, Europa im Hochmittelalter 1050-1250, S. 123.
[311] Vgl. Dinzelbacher, Europäische Mentalitätsgeschichte, S. 80.
[312] Vgl. Bresc, Stadt und Land zwischen dem 13. und 15. Jahrhundert, S. 181.
[313] Vgl. Otis-Cour, Lust und Liebe, S. 131f.
[314] Ebd., S. 174.
[315] Ebd., S. 131f.
[316] Ebd., S. 186.

Laut Otis-Cour fanden auf dem Gebiet der Partnerwahl im Spätmittelalter jedoch Veränderungen statt, so dass die Eltern nicht einfach eine Ehe arrangierten, sondern die Zuneigung bei der Planung berücksichtigten.[317]

### Beziehung von Mann und Frau

Man hört immer wieder Aussagen wie die, dass im Mittelalter die Ehe nichts mit Liebe zu tun gehabt habe und die Ehe in einer solchen Gesellschaft rein zweckgebunden gewesen sei.[318]

In diesem Kapitel soll es um die Frage gehen, ob es so etwas wie Liebe in den Ehen des Mittelalters gab oder ob Emotionen zwischen den Partnern keine Rolle spielten.

*Annäherung an den Begriff Liebe*

Wenn es um das Thema Liebe in der Ehe geht, sollte zuerst der Versuch unternommen werden, zu klären, was unter dem Begriff Liebe in unserem Zusammenhang verstanden wird, auch wenn dieser Begriff sicherlich zu komplex und vielschichtig ist, um ihn in einer Definition zu fassen.

Nach der Brockhaus Enzyklopädie handelt es sich bei Liebe um „die mit der menschlichen Existenz gegebene Fähigkeit, eine intensive gefühlsmäßige, zumindest der Vorstellung nach auf Vertrauen und Dauer angelegte und entsprechend positiv erlebte Beziehung zu einem anderen Menschen zu entwickeln; geistige, körperliche und soziale Bedürfnisse nach der „Nähe" eines anderen geben dabei den Ausschlag, wobei diese Form affektiver Zuwendung zwar mit der *Conditio humana* verbunden ist, zugleich aber in unterschiedlichen Epochen und Kulturen verschieden erlebt, aufgefasst und durch Verhaltensregeln bestimmt wird."[319] Dinzelbacher definiert Liebe im Lexikon des Mittelalters folgendermaßen:

---

[317] Ebd., S. 174.

[318] Vgl. Leclercq, Neue Perspektiven in der monastischen Theologie, S. 20.

[319] Liebe, Brockhaus Enzyklopädie, S. 763.

Liebe, hier verstanden als die zwischen zwei Individuen bestehende gegenseitige emotionale Anziehung, impliziert (zumindest tendenziell) Sexualität, erstreckt sich aber auch auf alle Seinsgebiete, an denen die geliebte Person idealiter partizipiert und wird als zentrales Lebenselement empfunden"[320]

Meyers neues Lexikon führt zudem an, dass die Liebe historisch entstanden sei.[321] Haubrichs äußert sich ebenfalls zu diesem Aspekt: Die Liebe sei etwas durch und durch Geschichtliches und daher nur aus den Bedingungen einer zeitgebundenen Kultur und Gesellschaft heraus zu verstehen. Unser Bild der Liebe dürfe nicht als überzeitlich und in der Natur des Menschen liegend gelten.[322]

Aus diesen Versuchen, die Liebe zu definieren, wird bereits deutlich, dass es die Liebe, so wie man sie heute auffasst, nicht immer in der jetzigen Form gab, da andere Epochen sie anders erlebt und aufgefasst haben. Demnach darf unsere Vorstellung von Liebe nicht einfach in das Mittelalter hineinprojiziert und angenommen werden, dass es die Liebe schon immer gegeben hat und sie so ausgelebt wurde wie heutzutage.

Dinzelbacher weist auf die Prägungen hin, die unser Liebesbegriff erfahren hat, ob in der Zeit der Renaissance durch die Integrierung klassisch-antiker Vorstellungen oder durch die Sentimentalisierung der Romantik. Es sei daher problematisch, unseren Begriff von Liebe in die Epoche des Mittelalters zu übertragen. Was damals mit dem Begriff „amor" gemeint gewesen sei, entspräche nach Dinzelbacher zu einem großen Teil nicht unserer Liebe.[323]

Doch trotz der Schwierigkeiten in diesem Zusammenhang, soll versucht werden, die Frage zu klären, ob es Liebe im Mittelalter zwischen Eheleuten gegeben hat.

Für Peter Dinzelbacher ist ein wichtiger Aspekt dieser Frage die „Entdeckung der Liebe" im Hochmittelalter. Doch was versteht er darunter?

---

[320] Dinzelbacher, Liebe, Sp. 1965.

[321] Vgl. Liebe, Meyers neues Lexikon, S. 541.

[322] Vgl. Haubrichs, Konzepte der Liebe im Mittelalter, S. 9.

[323] Vgl. Dinzelbacher, Liebe im Frühmittelalter, S. 36.

*„Entdeckung der Liebe"*

Nach Peter Dinzelbacher kennen die Quellen des Frühmittelalters Liebe nicht.[324] Die Texte lassen den Schluss nicht zu, dass bei der Begegnung von Mann und Frau das, was heute unter Liebe verstanden wird, im Spiel gewesen ist.[325] Die Liebe wird in dieser Zeit laut Dinzelbacher überhaupt nicht als zentrales Lebenselement, als *raison d´être* empfunden und beurteilt.[326] Es gab noch nicht das Empfinden, dass der Sinn des Lebens auf einer glücklichen Liebesbeziehung beruhe.[327] Zuneigung, habituelle Vertrautheit zwischen den Geschlechtern und sexuelles Begehren waren wohl vorhanden, doch in den Quellen wird man laut Dinzelbacher darauf hingewiesen, dass der Umgang der Geschlechter miteinander nicht so sehr eine enge und emotional wichtige Beziehung zwischen zwei Personen war, sondern eher eine Gemeinschaft, die auf sexueller Anziehung und „gesellschaftlicher Praktikabilität"[328] beruhte und deren Partner relativ leicht austauschbar waren.[329] Ein entsprechendes Individualitätsbewusstsein, das die Voraussetzung für die Entwicklung von Liebe ist, hat es nach Dinzelbacher damals noch nicht gegeben.[330] Die Verbindung von Liebe und Ehe war noch nicht existent, da die Ehe keine Eigengründung eines Liebespaares war, sondern fast immer die Kinder von den Eltern oder der Sippe nach wirtschaftlichen und sozialen Interessen verheiratet wurden.[331]

---

[324] Vgl. Dinzelbacher, Liebe, Sp. 1965.

[325] Vgl. Dinzelbacher, Europäische Mentalitätsgeschichte, S. 76.

[326] Ebd., S. 71.

[327] Vgl. Dinzelbacher, Europa im Hochmittelalter 1050-1250, S. 131.

[328] Dinzelbacher, Europäische Mentalitätsgeschichte, S. 76f.

[329] Vgl. Dinzelbacher, Europäische Mentalitätsgeschichte, S. 76f.

[330] Ebd., S. 79.

[331] Vgl. Dinzelbacher, Liebe im Frühmittelalter, S. 32.

Erst ab etwa der Mitte des 11. Jahrhunderts kommt es laut Dinzelbacher zur Ausbildung dieser Emotion in einer der gegenwärtigen bereits nahen Form, zur „Entdeckung der Liebe".[332] Seit dieser Zeit wird der Liebe eine Bedeutung zugemessen, die den früheren Jahrhunderten fremd war.[333]

Die zwei sozialen Orte, an denen sich diese Entdeckung vollzog, waren das Kloster und der Hof. Die zwei Richtungen, die diese Liebe nahm, sind die mystische Christusliebe und die irdische Liebe zwischen den Geschlechtern.[334]

Dass die Liebe Zentrum des lyrischen und epischen Dichtens geworden ist, verweist auf einen tiefgehenden Mentalitätswandel, der stattgefunden hat. Auch in der Ehelehre werden laut Dinzelbacher erstmals Zuneigung und Gegenseitigkeit thematisiert, zum Beispiel von Hugo von St. Viktor und Petrus Lombardus. Die Sehnsucht nach Liebe, das Leid um das geliebte Wesen in sentimentaler Weise und der Wunsch nach Gegenseitigkeit kennzeichnen das Liebesideal des Hochmittelalters. Im 14. Jahrhundert dringt das Liebeskonzept auch in das Bürgertum ein.[335]

Zwar haben sich die Vorstellungen von der Liebe in den späteren Jahrhunderten noch verändert, doch nach Dinzelbacher steht man noch heute in der hochmittelalterlichen Tradition, wenn man sich nach tiefen gegenseitigen und ausschließlichen Liebesbeziehungen sehnt.[336]

Doch es gibt Kritiker Dinzelbachers, welche bestreiten, dass es die Liebe im Frühmittelalter nicht gegeben hat. Zu ihnen gehört Hans-Henning Kortüm.

Kortüm gibt zu bedenken, dass Dinzelbacher seine These darauf stütze, dass es in den frühmittelalterlichen Quellen die Liebe nicht gebe. Es stimme zwar, dass in den Quellen nur wenige Nachrichten zum privaten und zwischenmenschlichen Bereich zu finden seien, doch das heiße nicht, dass es ihn nicht gegeben hätte, sondern dass es in der Regel gar nicht die Absicht der Quellen gewesen sei, über solche Dinge zu berichten. Daher könne aus dem Schweigen der Quellen über das

---

[332] Vgl. Dinzelbacher, Europäische Mentalitätsgeschichte, S. 71.

[333] Vgl. Dinzelbacher, Über die Entdeckung der Liebe im Hochmittelalter, S. 202.

[334] Vgl. Dinzelbacher, Liebe im Frühmittelalter, S. 31.

[335] Vgl. Dinzelbacher, Liebe, Sp. 1965ff.

[336] Vgl. Dinzelbacher, Europäische Mentalitätsgeschichte, S. 85.

Thema Liebe nach Kortüm nicht geschlossen werden, dass es sie nicht gegeben hätte, wie Dinzelbacher argumentiert.[337] Nicht nachzuvollziehen ist für Kortüm auch, wie das Verschwinden der Liebe zu Beginn des Frühmittelalters zu erklären sei, da es sie in der Antike gegeben hat. Ebenso kritisiert er den Versuch Dinzelbachers, die „Entdeckung der Liebe", ihr schnelles Aufkommen, mit dem Hinweis auf langfristige und langsam ablaufende Strukturveränderungen zu erklären. Für Kortüm scheint eine Verwechselung von Literatur und Leben stattzufinden.[338]

Auch Wilfried Hartmann stimmt mit Dinzelbacher nicht in allen Punkten überein. So spricht er davon, dass es frühen Mittelalter Liebe gab, die mehr war als Sexualität und gewohnheitsmäßige Vertrautheit.[339] Als ihm wichtig stellt er heraus, dass man es im Bereich einer Geschichte des Gefühls nicht mit einer ständigen Aufwärtsbewegung zu tun habe, die vor allem im 12. Jahrhundert einen entscheidenden Impuls erhalten haben soll.[340] Es gibt jedoch auch Wissenschaftler, die Dinzelbacher beipflichten und die „Entdeckung der Liebe" im Hochmittelalter nicht in diesem Maße in Frage stellen. So spricht auch Goetz von dem Wiederentdecken der Liebe.[341]

Otis-Cour sieht in der ungewöhnlichen Verbindung zwischen leidenschaftlichen, individuellen Gefühlen und der sozialen Integration, die sich bis zum 13. Jahrhundert entwickelt hat und in der Folgezeit weiter vervollkommnet wurde, die einzigartige Qualität und Rolle der Liebe, wie sie im hohen Mittelalter entdeckt und in den Rang eines hohen Guts gesetzt wurde.[342]

Letztendlich muss man sich darüber im Klaren sein, dass nicht alle Wissenschaftler der „Entdeckung der Liebe" im Hochmittelalter in der Form, wie sie von Dinzelbacher angenommen wird, zustimmen.

---

[337] Auch Otis-Cour stellt sich die Frage, ob die Gefühle und Ideen vielleicht schon in der Gesellschaft vorhanden gewesen sind, aber nur selten oder nie aufgezeichnet wurden sind. (Vgl. Otis-Cour, Lust und Liebe, S. 181.)

[338] Vgl. Kortüm, Menschen und Mentalitäten, S. 283f.

[339] Vgl. Hartmann, Über die Liebe und Ehe im frühen Mittelalter, S. 213.

[340] Ebd., S. 215.

[341] Vgl. Goetz, Leben im Mittelalter, S. 54.

[342] Vgl. Otis-Cour, Lust und Liebe, S. 183.

*Liebe zwischen den Ehegatten*

Nachdem dargestellt wurde, dass viele Forscher von einer Wiederentdeckung der Liebe im Hochmittelalter ausgehen, soll nun auf die Frage nach der Liebe zwischen den Ehegatten im Hoch- und Spätmittelalter eingegangen werden.

Weigand stellte nach der Auswertung der Texte von Dekretisten[343] des 12. Jahrhunderts fest, dass in den Texten die Ehe nicht als Folge der Liebe, sondern die Liebe als Ziel und Folge der Ehe gesehen wird.[344]

Die Liebe zwischen den Eheleuten galt eher als Resultat einer gemeinsamen Lebensführung denn als Grundlage einer Eheschließung. Somit kann der Widerspruch zwischen der Forderung, die Liebe zur Basis ehelichen Zusammenlebens zu machen und der in ganz Europa verbreiteten Sitte, die Ehen der Kinder zu arrangieren, aufgelöst werden.[345] Arrangierte Ehen konnten unglücklich sein, doch es gibt keine Ursache anzunehmen, dass die persönlichen Faktoren nicht berücksichtigt wurden.[346]

Nach der mittelalterlichen Theorie galt die Ehe nicht als Folge, sondern als Voraussetzung gefühlsmäßiger Zuneigung.[347] Für die Theoretiker des 11. und 12. Jahrhunderts ist die Liebe etwas ganz anderes als für uns heute, sowohl inhaltlich als auch hinsichtlich ihres Stellenwertes. Sie ist kein Gefühl, das zur Ehe führt und ihr vorausgeht, sondern eher eine Weisung für die Ehe, ein moralisches Gebot.[348] Die kirchliche Ehelehre versuchte, die „eheliche Liebe" als Grundlage der christlichen Ehe darzustellen.[349] In den theologischen Werken ist eine wachsende Bedeutung der Liebe und Zuneigung festzustellen.[350] Nach Otis-Cour sind Liebe,

---

[343] Dekretisten waren mittelalterliche Lehrer des Kirchenrechts. (Vgl. Duden. Das große Fremdwörterbuch, S. 306.)

[344] Vgl. Weigand, Liebe und Ehe im Mittelalter, S. 67.

[345] Vgl. Opitz, Frauen im Spätmittelalter, S. 298f.

[346] Vgl. Otis-Cour, Lust und Liebe, S. 171.

[347] Vgl. Goetz, Leben im Mittelalter, S. 54.

[348] Vgl. L´Hermite-Leclercq, Die feudale Ordnung, S. 235.

[349] Vgl. Opitz, Frauen im Spätmittelalter, S. 298f.

[350] Vgl. Otis-Cour, Lust und Liebe, S. 136.

eheliche Zuneigung und Freundschaft die Elemente, die im 13. Jahrhundert und im späten Mittelalter das kirchliche Verständnis vom Wesen der Ehe prägten.[351] Damit Liebe entstehen konnte, mussten beide Partner verheiratet sein. Man heiratete in der Regel also nicht aus Liebe, sondern man heiratete und die Liebe sollte dann folgen. Doch die mittelalterlichen Autoren schlossen die Liebesheirat nicht grundsätzlich aus und zogen ein Liebesgefühl zwischen den Eheleuten durchaus in Betracht.[352] In der ehelichen Beziehung spielte die Liebe sicherlich eine Rolle, wenn man auch kaum erwarten darf, dass der Ehealltag vornehmlich durch die Liebe geprägt war.[353] Die eheliche Liebe schien nach Bresc auf einer Art Kameradschaft der Ehegatten zu beruhen. Es handelte sich um eine erwachsene, vernünftige Freundschaft, die nicht ohne zärtliche Gefühle war.[354]

Besonders innerhalb des Adels dauerte eine große Zahl von Ehen nur 10-15 Jahre lang, so dass die Tendenz vorhanden war, die Ehe lediglich als eine zeitweilige Verbindung zu betrachten. So kam es, dass die Ehe nicht nur innerhalb des Adels eine Lebensform und eine Angelegenheit zur Regelung sozialer Beziehungen war, nicht aber eine Leib- und Seelengemeinschaft zweier Individuen. Dennoch waren nicht alle mittelalterlichen Ehen lieblos, dies zeigen zeitgenössische Quellen in vielfacher Weise.[355]

Zusammenfassend lässt sich sagen, dass Liebe in der Ehe vorhanden war, doch muss dies nicht immer der Fall gewesen sein, da die Ehen normalerweise nicht aus Liebe geschlossen wurden, sondern die Liebe auf die Eheschließung zu folgen hatte. Eine wichtige Rolle spielte der Konsens der beiden Partner. Das freiwillige Einverständnis und die Liebe hängen eng zusammen. Sobald die Ehe als eine Beziehung betrachtet wurde, der das freiwillige Einverständnis der Beteiligten zugrunde liegt, waren nach Otis-Cour auch Liebe und Ehe fest miteinander verbunden.[356]

---

[351] Ebd., S. 141.
[352] Vgl. Goetz, Weltliches Leben in frommer Gesinnung, S. 132.
[353] Vgl. Goetz, Leben im Mittelalter, S. 54.
[354] Vgl. Bresc, Stadt und Land in Europa zwischen dem 13. und 15. Jahrhundert, S. 184.
[355] Vgl. Opitz, Frauen im Spätmittelalter, S. 298f.
[356] Vgl. Otis-Cour, Lust und Liebe, S. 145.

Doch nicht alle spätmittelalterlichen Ehen waren harmonische Liebesverbindungen, es gab unglückliche Ehen, denn familiäre Zwänge übten weiterhin Druck aus.[357] Unter Zwang kann man nicht wirklich lieben, denn nur das freiwillige Einverständnis ermöglicht eine liebevolle Ehe.[358]

Ein neues Ehemodell, dessen Elemente freiwilliges Einverständnis, Gegenseitigkeit und Liebe waren, hatte sich entwickelt. Nach Otis-Cour war das häufig erstrebte, jedoch in der Realität nicht immer erfolgreich verwirklichte Ideal die Liebesehe zweier reifer Personen.[359]

---

[357] Ebd., S. 188.
[358] Ebd., S. 145.
[359] Ebd., S. 188.

## Schluss

Abschließend wäre noch anzumerken, dass die höfische Liebe bewusst nicht angesprochen worden ist, da dieses Thema den Rahmen der Arbeit gesprengt hätte. Zusammenfassend ist zu sagen, dass es sich bei der Institution Ehe um keine statische Institution handelt, sondern sie war in der Vergangenheit und ist auch momentan Veränderungen unterworfen. Es wurde gezeigt, dass sich im Bereich der Ehe Rechte, Riten und damit auch die Realität verändert haben. Die Kirche hatte einen sehr großen Einfluss auf die Ehe und hat dazu beigetragen, dass die Ehe heute das ist, was sie ist.

Doch trotz aller Veränderungen, denen die Ehe und mit ihr die Liebe ausgesetzt gewesen sind, ist nach Otis-Cour eine erstaunlich „moderne" Gestaltung der mittelalterlichen Ehe festzustellen. Auch wenn sich während des Mittelalters und in den Jahrhunderten danach viele Veränderungen in Bezug auf die Ehe ergeben haben, waren viele Merkmale, die mit dem modernen Eheleben verbunden werden, bereits im Mittelalter in Ansätzen oder bereits voll entwickelt. Die „Kameradschaftsehe" galt im Spätmittelalter bereits als Ideal und war zugleich zumindest zum Teil gelebte Realität,[360] auch wenn nicht alle spätmittelalterlichen Ehen harmonische Liebesverbindungen zweier sich Liebender gewesen sind.[361]

---

[360] Vgl. Otis-Cour, Lust und Liebe, S. 187.

[361] Ebd., S. 188.

## Literaturverzeichnis

Angenendt, Arnold: Ehe im Mittelalter. Mit Anmerkungen zur Xantener Ehegerichtsbarkeit, Duisburg 1998.

Bresc, Henri: Stadt und Land in Europa zwischen dem 13. und 15. Jahrhundert. In: Geschichte der Familie. Mittelalter. Hrsg. von Christiane Klapisch-Zuber u.a. Frankfurt am Main 1997. S. 159-206.

Dinzelbacher, Peter: Über die Entdeckung der Liebe im Hochmittelalter. In: Saeculum 32 (1981). S. 185-208.

Dinzelbacher, Peter: Liebe im Frühmittelalter. Zur Kritik der Kontinuitätstheorie. In: Konzepte der Liebe im Mittelalter. Hrsg. von Wolfgang Haubrichs. Göttingen 1990. S. 12- 38.

Dinzelbacher, Peter: Liebe. Mentalitäts- und Literaturgeschichtlich. In: Lexikon des Mittelalters. Hrsg. Robert-Henri Bautier. Bd. 5. München 1991. Sp. 1965-1968.

Dinzelbacher, Peter (Hrsg.): Europäische Mentalitätsgeschichte. Hauptthemen in Einzeldarstellung. Stuttgart 1993.

Dinzelbacher, Peter: Europa im Hochmittelalter 1050-1250. Eine Kultur- und Mentalitätsgeschichte. Darmstadt 2003.

Duden. Das große Fremdwörterbuch. Herkunft und Bedeutung der Fremdwörter. Bearb. von Dieter Baer. 2. Aufl. Mannheim 2000.

Duby, Georges: Die Frau ohne Stimme. Liebe und Ehe im Mittelalter. Berlin 1989.

Elias, Norbert: Vorwort. In: „Wo zwei zusammenkommen in rechter Ehe…" Sozio- und psychogenetische Studien über Eheschließungsvorgänge. Hrsg. von Michael Schröter. Frankfurt am Main 1985. S. VII-XI.

Ennen, Edith: Frauen im Mittelalter. 4. Aufl. München 1991.

Guichard, Pierre/Cuvillier, Jean-Pierre: Europa in der Zeit der Völkerwanderungen. In: Geschichte der Familie. Mittelalter. Hrsg. von Christiane Klapisch-Zuber u. a. Frankfurt am Main 1997. S. 13-87.

Goetz, Hans-Werner: Frauen im frühen Mittelalter. Frauenbild und Frauenleben im Frankenreich. Weimar 1995.

Goetz, Hans-Werner: Leben im Mittelalter. 6. Aufl. München 1996.

Goetz, Hans-Werner: Weltliches Leben in frommer Gesinnung? Lebensformen und Vorstellungswelten im frühen und hohen Mittelalter. In: Menschen im Schatten der Kathedrale. Neuigkeiten aus dem Mittelalter. Hrsg. von Gerd Althoff, Hans-Werner Goetz u. Ernst Schubert. Darmstadt 1998. S. 111-228.

Hartmann, Wilfried: Über die Liebe und Ehe im frühen Mittelalter. Einige Bemerkungen zu einer Geschichte des Gefühls. In: De iure canonico medii aevi. Festschrift für Rudolf Weigand. Hrsg. von Peter Landau. Romae. 1996. S. 189-216.

Haubrichs, Wolfgang (Hrsg.): Konzepte der Liebe im Mittelalter. Göttingen 1990.

Hergemöller, Bernd-Ulrich: Sexualität. Allgemein und westlicher Bereich. In: Lexikon des Mittelalters. Hrsg. von Norbert Angermann. Bd. 7. München 1995. Sp. 1812-1813.

Karnein, Alfred: Wie Feuer und Holz. Aspekte der Ausgrenzung von Frauen beim Thema Liebe im 13. Jahrhundert. In: Konzepte der Liebe im Mittelalter. Hrsg. von Wolfgang Haubrichs. Göttingen 1990. S. 93-115.

Karras, Ruth Mazo: Sexualität im Mittelalter. Düsseldorf 2006.

Klapisch-Zuber, Christiane: Frauenalltag im Spätmittelalter. In: Geschichte der Frauen. 2. Mittelalter. Hrsg. von Christiane Klapisch-Zuber. Frankfurt am Main 1993. S. 283-339.

Klapisch-Zuber, Christinane: Die Frau und die Familie. In: Der Mensch des Mittelalters. Hrsg. von Jacques Le Goff. 3. Aufl. Frankfurt am Main 1998. S. 312-339.

Kortüm, Hans-Henning: Menschen und Mentalitäten. Einführung in Vorstellungswelten des Mittelalters. Berlin 1996.

Leclercq, Jean: Neue Perspektiven in der monastischen Theologie. Das Weibliche und die eheliche Lehre. In: Renovatio und Reformatio. Wider das Bild vom finsteren Mittelalter. Festschrift für Ludwig Hödl zum 60. Geburtstag. Hrsg. von Manfred Gerwing und Godehard Ruppert. Münster 1985. S. 14-24.

Lengeling, Emil Joseph: Ehe. Lateinischer Westen. Liturgie. In: Lexikon des Mittelalters. Hrsg. von Robert-Henri Bautier. Bd. 3. München 1986.

L`Hermite-Leclercq, Paulette: Die feudale Ordnung (11. und 12. Jahrhundert). In: Geschichte der Frauen. 2. Mittelalter. Hrsg. von Christiane Klapisch-Zuber. Frankfurt am Main 1993. S. 213-263.

Liebe. In: Brockhaus Enzyklopädie. Hrsg. von Annette Zwahr. 21. Aufl. Bd. 16. Mannheim 2006. S. 763-768.

Liebe. In: Meyers neues Lexikon. Hrsg. von Heinz Göschel. 2. Aufl. Bd. 8. Leipzig 1974. S. 541.

Lieberwirth, R.: Ehebruch. In: Handwörterbuch zur deutschen Rechtsgeschichte. Hrsg. von Adalbert Erler und Ekkehard Kaufmann. Bd. 1. Berlin 1971. Sp. 836-839.

Lutterbach, Hubertus: Sexualität im Mittelalter. Eine Kulturstudie anhand von Bußbüchern des 6. bis 12. Jahrhunderts. Köln 1999.

Markmann, Hans-Jochen: Frauen im Mittelalter. Frauengeschichte in Forschung und Unterrichtspraxis. Frankfurt am Main 1993.

Meier, Frank: Gefürchtet und bestaunt. Vom Umgang mit dem Fremden im Mittelalter. Ostfildern 2007.

Mikat, P.: Ehe. In: Handwörterbuch zur deutschen Rechtsgeschichte. Hrsg. von Adalbert Erler und Ekkehard Kaufmann. Bd. 1. Berlin 1971. Sp. 809-833.

Opitz, Claudia: Evatöchter und Bräute Christi. Weiblicher Lebenszusammenhang und Frauenkultur im Mittelalter. Weinheim 1990.

Opitz, Claudia: Frauenalltag im Mittelalter. Biographien des 13. und 14. Jahrhunderts. 3. Aufl. Weinheim 1991.

Opitz, Claudia: Frauen im Spätmittelalter (1250-1500). In: Geschichte der Frauen. 2. Mittelalter. Hrsg. von Christiane Klapisch-Zuber. Frankfurt am Main 1993. S. 283-339.

Otis-Cour, Leah: Lust und Liebe. Geschichte der Paarbeziehungen im Mittelalter. Frankfurt am Main 2000.

Prevenier, Walter/de Hemptinne, Thérèse: Ehe. Hrsg. Robert-Henri Bautier. Bd. 3. München 1986. Sp. 1635-1640.

Schau, Albrecht: Liebes- und Ehe-Paradigmen in der Geschichte. In: Praxis Geschichte 1 (1998). S. 4-9.

Schott, Clausdieter: Ehe. Lateinischer Westen. Germanisches und deutsches Recht. In: Lexikon des Mittelalters. Hrsg von Robert- Henri Bautier. Bd. 3. München 1986. Sp. 1629-1630.

Schröter, Michael: Vorwort. In:„Wo zwei zusammenkommen in rechter Ehe...". Sozio- und psychogenetische Studien über Eheschließungsvorgänge vom 12. bis 15. Jahrhundert. Hrsg. von Michael Schröter. Frankfurt am Main 1985. S. XIII-XV.

Schulze, R.: Ehebruch. In: Reallexikon der germanischen Altertumskunde. Hrsg. von Heinrich Beck. 2. Aufl. Bd. 6. Berlin 1986. S. 479-480.

Schulze, R.: Eherecht. In: Reallexikon der germanischen Altertumskunde. Hrsg. von Heinrich Beck. 2. Aufl. Bd. 6. Berlin 1986. S. 480-500.

Sellert, Wolfgang: Ehebruch. Lateinischer Westen. Germanisches und deutsches Recht. In: Lexikon des Mittelalters. Hrsg. von Robert-Henri Bautier. Bd. 3. München 1986. Sp. 1655.

Shahar, Shulamith: Die Frau im Mittelalter. Königsstein/Ts. 1981.

Spiewok, Wolfgang: Ehe, Ehebruch und seine Folgen in mittelalterlicher Literatur und Wirklichkeit. In: Sex, love and marriage in medieval literature and reality. Hrsg. von Danielle Buschinger/ Wolfgang Spiewok. Greifswald 1996. S. 73-78.

Vecchio, Silvana: Die gute Gattin. In: Geschichte der Frauen. 2. Mittelalter. Hrsg. von Christiane Klapisch-Zuber. Frankfurt am Main 1993. S. 119-145.

Weigand, Rudolf: Ehe- und Familienrecht in der mittelalterlichen Stadt. In: Haus und Familie in der spätmittelalterlichen Stadt. Hrsg. von Alfred Haverkamp. Böhlau 1984. S. 161-194.

Weigand, Rudolf: Ehe. Lateinischer Westen. Kanonisches Recht. In: Lexikon des Mittelalters. Hrsg. von Robert-Henri Bautier. Bd. 3. München 1986. Sp. 1623-1625.

Weigand, Rudolf: Ehebruch. Lateinischer Westen. Kanonisches Recht. In: Lexikon des MA. Hrsg. von Robert-Henri Bautier. Bd. 3. München 1986. Sp. 1651-1653.

Weigand, Rudolf: Liebe und Ehe im Mittelalter. Goldbach 1993.

Wemple, Suzanne Fonay: Frauen im frühen Mittelalter. In: Geschichte der Frauen. 2. Mittelalter. Hrsg. von Christiane Klapisch-Zuber. Frankfurt am Main 1993. S. 185-211.

Marion Luger: „Stadt der Frauen" – Frauen der Stadt. Christine de Pizans „Buch von der Stadt der Frauen" und die Lebenswirklichkeit von Stadtbewohnerinnen im Spätmittelalter

## Einleitung

In der vorliegenden Arbeit soll - ausgehend von Christine de Pizans „Buch von der Stadt der Frauen" - versucht werden, einige Aspekte dieses Werks herauszugreifen, in den geschichtlichen Kontext einzuordnen und vor dem Hintergrund der realen Lebenswelten spätmittelalterlicher Städterinnen zu beleuchten.[362] Zu diesem Zweck ist es unabdingbar, Leben und Werk der französischen Autorin vor Augen zu führen (Kapitel II). Da der zeitgenössischen Auseinandersetzung über das Bild der Frau in der „Stadt der Frauen" breiter Raum gewidmet ist, soll im Folgenden auf diesen Kritikpunkt näher eingegangen werden (Kapitel III).

Welche Divergenzen zwischen Christine de Pizans eigenen Erfahrungen und denen ihrer Zeitgenossinnen in Bezug auf die Ehe auftreten konnten, wird in Kapitel IV erläutert. Anschließend setzt sich Kapitel V mit der Frage auseinander, inwieweit Stadtbewohnerinnen - im Vergleich zu den Herrscherinnen in der Frauenstadt Christines - rechtlichen Anteil an der Macht hatten.

Wie wir in Kapitel VI sehen werden, war eine grundlegende Ausbildung vieler Mädchen (die Christine postuliert) schon alleine aufgrund der Anforderungen der Städte vonnöten, und gemeinsam mit praktischen Erfahrungen bildete sie die Basis für die Teilnahme von Frauen am und deren Erfolge im Erwerbsleben, welche in Kapitel VII zur Sprache kommen. Abschließend sollen in Kapitel VIII resümierend die Wandlungsprozesse beschrieben werden, die - zu Ungunsten der Städterinnen - im Übergang zur Frühen Neuzeit stattfanden.

---

[362] Entsprechend der Lebensdaten von Christine de Pizan bleibt die folgende Darstellung der Lebenswirklichkeit von Frauen auf das Spätmittelalter beschränkt und verzichtet auf einen Vergleich mit dem Früh- und Hochmittelalter, in dem zumindest adelige Frauen in beachtlichem Umfang an der Ausübung von (politischer) Herrschaft beteiligt waren. Vgl. Peter Ketsch: Frauen im Mittelalter. Quellen und Materialien. Bd. II. Frauenbild und Frauenrechte in Kirche und Gesellschaft. - Düsseldorf: Schwann-Bagel 1984. (= Geschichtsdidaktik: Studien, Materialien. Bd. 19), S. 361-365.

## Christine de Pizan: Das Buch von der Stadt der Frauen[363]

Anhand einer Biographie der ersten unabhängigen Berufsschriftstellerin des mittelalterlichen christlichen Europas sollen zunächst die Lebensumstände Christine de Pizans verdeutlicht werden, um ihre Werke, aber vor allem „Das Buch von der Stadt der Frauen", in den geschichtlichen Kontext einordnen zu können.[364] Christine de Pizan (1356-1430) erlebte Kindheit und Jugend als Tochter des Astrologen und Leibarztes Karls V., Tommaso di Benvenuto da Pizzano, im Umkreis des französischen Königshofes. Ihr Vater ließ ihr eine umfassende wissenschaftliche Erziehung angedeihen und verheiratete die Fünfzehnjährige mit dem zehn Jahre älteren königlichen Sekretär Étienne de Castel. Die beiden führten eine ausgesprochen glückliche Ehe, aus der drei Kinder hervorgingen. Als kurz hintereinander der königliche Gönner, ihr Vater und ihr Ehemann starben, verzichtete Christine de Pizan auf eine Wiederheirat, war dadurch aber auch - im Alter von 25 Jahren - gezwungen, den Lebensunterhalt für sich und ihre Familie selbst zu verdienen, um den drohenden finanziellen Ruin abzuwenden. Dies gelang ihr, indem sie zunächst fremde Texte kopierte und schließlich selbst zu schreiben begann. Ihr umfassendes Werk, das von Lyrik über Geschichtsbücher, Lehrgedichte und Streitschriften zur Frauenfrage bis hin zu politischen Traktaten reicht, setzte sie auch noch fort, als sie (vermutlich) Paris verließ und sich im Jahre 1418 aufs Land in das Dominikanerinnenkloster Poissy zurückzog.[365]

Spätestens 1399 erfolgte mit dem „Sendbrief vom Gott der Liebe" („Epistre au Dieu d'Amours") die Hinwendung zur Frauenthematik. Mit dieser Schrift übte die Autorin Kritik an frauenfeindlichen Tendenzen im zweiten Teil des „Rosenromans" von Jean de Meun, entfachte damit den ersten großen Literaturstreit in

---

[363] Christine de Pizan: Das Buch von der Stadt der Frauen. Aus d. Mittelfranz. übertr., mit e. Kommentar u. e. Einl. vers. v. Margarete Zimmermann (Titel d. Originalausgabe: Le Livre de la Cité des Dames, Paris 1405). - München: dtv 1990.

[364] Vgl. Beatrix Lundt: Einleitung. - In: Auf der Suche nach der Frau im Mittelalter. Fragen, Quellen, Antworten. Hg. v. Bea Lundt. - München: Fink 1991, S. 9.

[365] Vgl. de Pizan: Buch, S. 10-13, Vorwort; Regine Pernoud: Christine de Pizan. Das Leben einer außergewöhnlichen Frau und Schriftstellerin im Mittelalter. A. d. Franz. v. Sybille A. Rott-Illfeld. - München: dtv 1990, S. 14-16, 27-31, Vorwort; Shulamith Shahar: Die Frau im Mittelalter. Übers. v. Ruth Achlama. - Frankfurt/Main: Athenäum 1988 (= Athenäum TB. Bd. 115), S. 16; Beatrix Lundt: Rezension über Regine Pernouds Monographie *Christine de Pizan. Das Leben einer außergewöhnlichen Frau und Schriftstellerin im Mittelalter.* - In: Das historisch-politische Buch 39 (1991), S. 6; Erika Uitz: Die Frau in der mittelalterlichen Stadt. - Stuttgart: Abend 1988, S. 150.

Frankreich und verschaffte sich den Respekt ihrer ZeitgenossInnen. Ebenso wie im Sendbrief preist Christine de Pizan auch im 1405 entstandenen „Buch von der Stadt der Frauen" die Vorzüge des weiblichen Geschlechts. Zugleich sollte mit diesem spätmittelalterlichen „Lese- und Trostbuch für Frauen" ein Zufluchtsort vor misogynen Angriffen geschaffen werden, an dessen Mauern die Verleumdungen der Männer abprallen. Dabei bedient sie sich der Allegorie: Sie manifestiert die Verteidigung der Frauen in einer gut befestigten mittelalterlichen Stadt und verwendet die zahlreich angeführten vorbildlichen Frauenfiguren der Bibel, der Geschichte und der Mythologie, die als Zeugnisse weiblicher Fähigkeiten dienen, als „Baumaterial". Hilfe und Trost beim Bau der Stadt erfährt sie von drei vornehmen Frauen, den Verkörperungen der drei Tugenden Vernunft, Rechtschaffenheit und Gerechtigkeit. Die drei Bücher, die das Werk gliedern, beschreiben, wie Christine de Pizan in Begleitung von jeweils einer Frauengestalt die Frauenstadt errichtet.[366] Die selbstbewusste Schriftstellerin („ich, Christine") setzt sich dabei zeitweise die Maske der Naiven auf und gibt frauenfeindliche Ideologien mit gespielter Ernsthaftigkeit wider, um sie von den drei hochgestellten Begleiterinnen argumentativ zurückweisen zu lassen. So will Christine de Pizan ihren Zeitgenossinnen Mut machen und Selbstbewusstsein einflößen. Zusätzlich kann diese Vorgangsweise als Versuch angesehen werden, die geschichtliche Überlieferung zu korrigieren und die real existierende Diffamierung des eigenen Geschlechts anzukreiden. Denn wenn Christine de Pizan mit der Erwähnung berühmter Frauen auch eher Modelle und Leitbilder entwirft als zeitgenössische Verhältnisse abbildet, gewährt sie an einigen Stellen des Werks doch Einblick in die Lebenswirklichkeit von Frauen um 1400.[367]

Andererseits ist die „Stadt der Frauen", trotz aller Ähnlichkeiten mit mittelalterlichen Städten, ein letztlich abstraktes Gebilde. Ihre Situierung an einem abgeschlossenen, idealen, zeitlosen Ort, an dem Probleme keine Gültigkeit besitzen,

---

[366] Vgl. de Pizan: Buch, Vorwort, S. 9, 16, 23-26; Cordula Peters: Christine de Pizan. Le Livre de la Cité des Dames. - In: Stadt der Frauen. Szenarien aus spätmittelalterlicher Geschichte und zeitgenössischer Kunst. Hg. v. Annette Kuhn und Marianne Pitzen. - Zürich/Dortmund: eFeF 1994, S. 24, 28. Uta C. Schmidt: Wage es, Frau. Leben und Werk Christine de Pizans. - In: Stadt der Frauen. Szenarien aus spätmittelalterlicher Geschichte und zeitgenössischer Kunst. Hg. v. Annette Kuhn und Marianne Pitzen. - Zürich/Dortmund: eFeF 1994, S. 30; Pernoud: Christine, Vorwort, S. 15; Lundt: Rezension, S. 6.

[367] Vgl. de Pizan: Buch, S. 9, 17, 27; Marianne Pitzen: Korrespondenzen zwischen Kunst und Historie - Die Utopie. - In: Stadt der Frauen. Szenarien aus spätmittelalterlicher Geschichte und zeitgenössischer Kunst. Hg. v. Annette Kuhn und Marianne Pitzen. - Zürich/Dortmund: eFeF 1994, S. 8; Peters: de Pizan, S. 24-28; Schmidt: Leben, S. 30; Pernoud: Christine, Vorwort, S. 9.

wirft die Frage nach der utopischen Dimension auf.[368] Deshalb sollte in Christine de Pizan auch weniger die erste „Feministin" im modernen Verständnis erblickt werden. Sinnvoller ist es, die Kategorie Feminismus zu historisieren, die weiblichen Lebensbedingungen um 1400 zu rekonstruieren und anschließend die Frage nach den Möglichkeiten weiblicher Selbstbestimmung im Spätmittelalter zu stellen.[369]

---

[368] Margarete Zimmermann erkennt darin jedoch weniger eine Utopie, sondern vielmehr einen „weibliche[n] Wunschraum", der als Zufluchtsort für Frauen entworfen wurde als „Antwort auf eine reale Situation, in der nur wenig Raum für weibliche Selbstbestimmung war und in der ein Bewußtsein weiblicher Identität kaum entstehen konnte, weil die männliche Perspektive in allen Bereichen dominierte". de Pizan: Buch, S. 30. Vgl. auch Peters: de Pizan, S. 28.

[369] So bleibt der realutopische Gehalt des „Buch[es] von der Stadt der Frauen" bis heute umstritten. Vgl. de Pizan: Buch, S. 21, 29; Pernoud: Christine, S. 10, 28.

## Das Frauenbild

> Edle Frau, aus allem, was ich in aller Deutlichkeit vernehme und sehe, ergibt sich klarer als jemals zuvor, daß in allen Anklagepunkten das Recht auf der Seite der Frauen und großes Unrecht auf der Seite ihrer Ankläger ist.[370]

Zu Beginn des ersten Teils von der „Stadt der Frauen" beklagt sich Christine de Pizan über die Frauenfeindlichkeit in der Literatur. Ihre Erfahrungen mit der Misogynie beschränken sich jedoch nicht nur auf schriftliche Werke von Männern. Nach dem Tod ihres Ehemannes musste sie erkennen, dass Frauen grundlos verleumdet werden können und erfahren, wie vernichtend die Feindbilder in einer patriarchalischen Welt sind. Deshalb versucht sie nun, die verbreiteten Vorurteile gegen Frauen radikal, d. h. an der Wurzel zu packen und auszumerzen, indem sie beginnt, die Fundamente für die Frauenstadt auszuheben. Ihre Anstrengungen richten sich dabei gegen ein Frauenbild, das vor allem von der Kirche propagiert wurde.[371]

### ...in der Theologie

Die Scholastik, die herrschende Theologie des Mittelalters, tritt das Erbe der Kirchenväter an, was die Bewertung der Geschlechter und Sexualität betrifft. In der Auffassung Augustinus', die auf dem asketischen Spiritualismus des Hellenismus basiert, verkörpert das Männliche das höherwertige Geistige, die Seele - das Weibliche hingegen die Materie. Frauen als Repräsentantinnen der minderwertigen Körperlichkeit stehen also in Unterordnung unter das geistige, männliche Prinzip. Zudem geraten Weiblichkeit und Sexualität geraten immer mehr unter das Stigma der Sündhaftigkeit - die Abwertung von Geschlechtlichkeit und der Frauen vollzieht sich parallel. Konsequenterweise reduzieren diese Anschauungen den Zweck der Ehe (und überhaupt jegliche sexuelle Aktivität) auf die Fortpflanzung; die Frau erscheint diesbezüglich nur als Gebärerin. Demgegenüber erstellt Hugo von St. Viktor (1096-1141) die These eines partnerschaftlichen Verhältnisses von Mann und Frau in der Ehe, wobei er allerdings die sexuelle Ebene als sündhaft ausklammert. Auch Petrus Lombardus erklärt, dass die Frau deshalb aus der Rippe des Mannes und nicht etwa aus dem Haupt oder dem Fuß geschaffen worden sei, weil sie weder seine Herrin noch seine Dienerin, sondern vielmehr

---

[370] de Pizan: Buch, S. 141.

[371] Vgl. de Pizan: Buch, S. 35f., 48f.; Pitzen: Utopie, S. 8, 14, 24, 30.

seine Gefährtin sein sollte.[372] Ebenso wenig wie Hugo von St. Viktor oder Petrus Lombardus vermag jedoch auch Hildegard von Bingen (1098-1179) die tradierten Lehrmeinungen zu erschüttern, die die Minderwertigkeit der Frau aufgrund ihrer Herkunft aus dem Mann und ihrer Rolle beim Sündenfall betonen.[373]

Mit Thomas von Aquin (1225/26-1274) erreichte die Abwertung der Frau einen neuen Höhepunkt, indem er den Aussagen über die körperliche, geistige und ethische Inferiorität die zeugungsphysiologische Begründung des Aristoteles hinzufügte. Die Frau sei demnach eine Missbildung der Natur, die infolge eines Mangels bei der Zeugung entstehe und so - im Gegensatz zum vollwertigen Mann - den unvollkommenen Teil der Spezies Mensch darstelle. Zudem führte die Gleichsetzung der Frau mit Begriffen wie Passivität und Abhängigkeit vom Mann durch Aristoteles im 12. Jahrhundert zur Auffassung von der unvollkommenen Elementenmischung im Leib der Frau.[374]

Diese Vorstellungen von männlicher Superiorität und weiblicher Unterlegenheit prägten die soziale Wirklichkeit; sie bewirkten eine moralische Untermauerung des zweitrangigen Status der Frau in der mittelalterlichen Familie und Gesellschaft. Zugleich wurde eine neue Frauen- und Geschlechterideologie propagiert, die mit der Lebenspraxis der Städterinnen in einem ambivalenten Verhältnis stand. Bei der Betrachtung des Frauenlebens legte man(n) einen doppelten Maßstab an, indem die Heilsbringerin Maria der zur ewigen Verdammnis verurteilten Prostituierten oder Hexe gegenübergestellt wurde. In dem Maße, wie sich die Verehrung der vollkommenen, jungfräulichen Mutter Maria steigerte, wuchsen Verachtung und Angst in Bezug auf die reale Frau, die „Eva". Diese Erscheinung trug neben den weit verbreiteten Ansichten Thomas' von Aquin und der Zusammenfassung der misogynen Argumente im „Hexenhammer" von 1487 dazu bei, dass

---

[372] Vgl. auch de Pizan: Buch, S. 55.

[373] Vgl. Magdalena Bußmann: Die Frau - Gehilfin des Mannes oder eine Zufallserscheinung der Natur? - In: Auf der Suche nach der Frau im Mittelalter. Fragen, Quellen, Antworten. Hg. v. Bea Lundt. - München: Fink 1991, S. 120, 123; Shahar: Mittelalter, S. 76, 78f., 84; Ketsch: Frauen, Bd. II., S. 64; Uitz: Frau, S. 160.

[374] Vgl. Uitz: Frau, S. 160, Ketsch: Frauen, Bd. II, S. 65, Bußmann: Gehilfin, S. 124, 127; Shahar: Mittelalter, S. 96; Annette Kuhn: Die Suche nach den vergessenen Steinen der Stadtmauer. - In: Stadt der Frauen. Szenarien aus spätmittelalterlicher Geschichte und zeitgenössischer Kunst. Hg. v. Annette Kuhn und Marianne Pitzen. - Zürich/Dortmund: eFeF 1994, S. 18; Elisabeth Gössmann: Frau. Theologisch-philosophisch. - In: Lexikon des Mittelalters. Bd. IV. Hg. v. Robert-Henri Bautier u. Robert Auty. - München/Zürich: Artemis 1989. Sp. 852f.

die theologische Rechtfertigung der Minderwertigkeit der Frau in den Hexenverfolgungen ihren Höhepunkt fand.[375]

### ...in der höfischen Literatur

In der höfischen Lyrik und Epik des Hochmittelalters lässt sich - im Vergleich zu den „christlichen" Anschauungen - ein neues, positiveres Frauenbild konstatieren. Die (adelige) Frau erfuhr in dieser Dichtung eine erhebliche Aufwertung in ihrem gesellschaftlichen Ansehen. Sie verkörperte die als positiv betrachteten Tugenden Treue, Keuschheit und Güte und wurde zur Minneherrin des Mannes.[376] Diese Idee fand ihre Realisierung im Frauendienst (sowohl in der „Hohen Minne" zu einer verheirateten Frau als auch gegenüber einer unverheirateten Frau bzw. der eigenen Ehefrau). Doch einschränkend ist anzumerken, dass die Frau nicht um ihrer selbst willen glorifiziert wurde, sondern um den Kampf des Mannes (der ihr gewidmet war) zu legitimieren. Zudem blieb diese Anbetung dichterische Fiktion, die keinesfalls mit der realen Position von Frauen in der höfisch-ritterlichen Gesellschaft übereinstimmte, da diese überwiegend repräsentative Rollen spielten und kaum Möglichkeiten zur Selbstbestimmung besaßen. Die ideelle Hochschätzung führte also nicht zur sozialen oder rechtlichen Emanzipation. Nichtsdestotrotz sollte berücksichtigt werden, dass die Überhöhung der Frau in der höfischen Literatur immerhin einen Gegenpol zu ihrer Verteufelung und zur Propagierung des sexualfeindlichen Lebensideals durch die mittelalterliche Theologie darstellt. Außerdem wird die Sicht der männlichen Protagonisten vieler Epen, die die Ehe zur Wiederherstellung der eigenen Ehre, zur Besitzvermehrung, zur Beendigung von Feindschaften und zur sexuellen Befriedigung eingehen, von den (männlichen) Autoren deutlich kritisiert - was der gesellschaftlichen Realität entsprochen haben dürfte.[377]

---

[375] Vgl. Ketsch: Frauen, Bd. II, S. 66; Kuhn: Suche, S. 13f., 75.

[376] Shulamith Shahar erblickt in dieser Idealisierung durch die (männlichen) Autoren die Sehnsucht nach einer anderen Ordnung. Vgl. Shahar: Mittelalter, S. 22.

[377] Vgl. Ketsch: Frauen, Bd. II, S. 105-107; Werner Rösener: Frau. Die höfische Dame. - In: Lexikon des Mittelalters. Bd. IV. Hg. v. Robert-Henri Bautier u. Robert Auty. - München/Zürich: Artemis 1989. Sp. 863f.

**Ehe**

Im zweiten Teil des „Buch[es] von der Stadt der Frauen" beschreibt Christine de Pizan ihre eigene Ehe, die durch Zuneigung, Respekt und gegenseitige Rücksichtnahme geprägt war. Dieser Umstand hat sicherlich dazu beigetragen, dass sie die Ehe als ideale Lebensform betrachtete und damit vordergründig den Anschein erweckt, dass Liebe das primäre Ehemotiv darstellte, wie es seit der endgültigen Durchsetzung der Konsensehe im 12. Jahrhundert vorgesehen war. Letztere machte die Willensübereinstimmung beider Brautleute zur Bedingung.

Die Ehe war auch dann wirksam, wenn sie ohne Einverständnis der Eltern stattfand. Bei genauerem Hinsehen zeigt sich jedoch, dass zumeist die Familien über die Wahl eines Partners/einer Partnerin bestimmten, und zwar überwiegend aufgrund ihrer wirtschaftlichen, ständischen, sozialen und politischen Interessen. Die Eltern legten häufig auch das Heiratsalter fest, wobei schichten-, orts- und geschlechtsspezifische Unterschiede auftraten. Das durchschnittliche Heiratsalter lag bei Mädchen zwischen zwölf und zwanzig Jahren, bei Männern bei 27/28 Jahren. Das erforderliche Mindestalter, das bei Mädchen zwölf, bei Jungen vierzehn Jahre betrug, bestimmte aber die Kirche.[378]

Obwohl Christine de Pizan selbst positive Erfahrungen mit der Ehe machte, kommt auch ihre realitätsbezogene Einschätzung des Ehelebens zum Vorschein, wenn sie immer wieder auf die Gefahren eines außerehelichen Liebesverhältnisses verweist. Man/frau darf ihr daraus nicht den Vorwurf der Prüderie machen, sondern muss ihr Wissen um die unterschiedliche Rechtsprechung bei männlichem und weiblichem Ehebruch berücksichtigen.

---

[378] Vgl. de Pizan: Buch, S. 151; Shahar: Mittelalter, S. 83, 90f., 168; Peters: de Pizan, S. 27; Schmidt: Leben, S. 29; Claudia Stein: „Umb groben und meher sunden zu verhutten" - Städtische Prostitution. - In: Stadt der Frauen. Szenarien aus spätmittelalterlicher Geschichte und zeitgenössischer Kunst. Hg. v. Annette Kuhn und Marianne Pitzen. - Zürich/Dortmund: eFeF 1994, S. 169; Uitz: Frau, S. 19, 106, 150; de Pizan: Buch, S. 11, 29, 151; Edith Ennen: Die Frau in der mittelalterlichen Stadt. - In: Mensch und Umwelt im Mittelalter. Hg. v. Bernd Herrmann. - Frankfurt/Main: Fischer 1989, S. 37; Gerhard Köbler: Das Familienrecht in der spätmittelalterlichen Stadt. - In: Haus und Familie in der spätmittelalterlichen Stadt. Hg. v. Alfred Haverkamp. - Köln/Wien: Böhlau 1984, S. 138, 155 (= Städteforschung. Bd. 18); Ketsch: Frauen, Bd. II, S. 180

Während außereheliche Beziehungen von Männern nämlich nicht überall als Ehebruch gewertet wurden, machten speziell Kirchengerichte bei Frauen keine Ausnahme. Zudem wurde der ehebrechende Mann nirgendwo mit dem Tod bedroht wie eine untreue Frau.[379]

Christine de Pizan kennt auch weitere Schattenseiten der zeitgenössischen Ehepraxis, den oft großen Altersunterschied zwischen den Gatten und prügelnde Ehemänner. Letzteren waren die Frauen meist hilflos ausgeliefert, denn obwohl das Ausmaß eheherrlicher Gewalt durch die Stadtrechte zunehmend eingeschränkt wurde, blieb dem Ehemann das Züchtigungsrecht vorbehalten, und die Kirche erlaubte auch bei zu strenger Behandlung der Frau keine Scheidung, sondern gewährte lediglich eine Trennung der Güter oder der körperlichen Gemeinschaft - wie auch unter den folgenden Umständen: Unfruchtbarkeit, männliche Impotenz, Trunkenheit einer Frau, Verschwendung des Familienvermögens durch den Ehemann u.a.[380]

---

[379] Vgl. z. B. de Pizan: Buch, S. 288; Ketsch: Frauen, Bd. II, S. 180; de Pizan: Buch, S. 28; Shahar: Mittelalter, S. 31.

[380] Vgl. de Pizan: Buch, S. 150; Ketsch: Frauen, Bd. II, S. 180; Uitz: Frau, S. 146; Shahar: Mittelalter, S. 91, 94; Köbler: Familienrecht, S. 157; Peters: de Pizan, S. 27.

## Die Rechtsstellung der Stadbewohnerinnen

Christine de Pizan erläutert zwar nicht direkt die Stellung der Frauen in den Gesetzen, doch bringt sie anhand von Beispielen zum Ausdruck, dass Herrscherinnen sehr wohl auch Legislative ausübten.[381] Im Folgenden soll nun überprüft werden, ob spätmittelalterlichen Städterinnen dieselben Möglichkeiten offenstanden und inwiefern sie sich in rechtlicher Hinsicht von den männlichen Stadtbewohnern unterschieden.

Zunächst ist vorauszuschicken, dass es *die* Rechtsstellung *der* Frau in Deutschland nicht gibt, denn bereits in kleinsten regionalen Einheiten und über kurze Zeiträume hinweg lassen sich divergierende Rechtsnormen beobachten.[382] Da es keine einheitliche Reichsgesetzgebung gab, entstanden viele regionale und lokale Rechte. Die Rechtspraxis basierte hauptsächlich auf den geltenden Rechtstheorien sowie auf dem Sachsen- und dem Schwabenspiegel. Einmal abgesehen von der unterschiedlichen Anwendung der Gesetze und davon, dass keine völlige Deckungsgleichheit von Gesetz und Realität existierte (wie sie auch in unserer Gegenwart nicht existiert), variierte die rechtliche Stellung der Frauen je nach Familienstand, Zugehörigkeit zu einem Stand, Berufsausbildung, regionalen Gegebenheiten und der Größe einer Stadt.[383] Doch daneben gab es gesetzliche Einschränkungen von Rechten, die alle Stadtbewohnerinnen betrafen. Denn die wachsende wirtschaftliche und politische Bedeutung der Städte führte zwar seit dem 12. Jahrhundert zur Herausbildung von eigenen städtischen Rechtskreisen, was eine Modifikation der rechtlichen Stellung der Frauen zur Folge hatte, doch grundsätzlich begrenzten auch die Stadtrechte ihre Rechts- und Handlungsfähigkeit. Genauer gesagt wurden die städtischen kommunalen Freiheitsentwicklungen, an denen Frauen zunächst teilhatten, durch gegenläufige Tendenzen gehemmt. Einerseits traf für sie die Formel des 19. Jahrhunderts „Stadtluft macht frei" zu, da Frauen

---

[381] Vgl. z. B. Pizan: Buch, S. 64.

[382] Aus diesem Grund bleiben hier auch Straf- und Erbrecht ausgeklammert, da besonders in diesen Rechtszweigen von Stadt zu Stadt unterschiedliche Regelungen galten. Vgl. Shahar: Mittelalter, S. 166f.

[383] Vgl. Claudia Opitz: Emanzipiert oder marginalisiert? Witwen in der Gesellschaft des späten Mittelalters. - In: Auf der Suche nach der Frau im Mittelalter. Fragen, Quellen, Antworten. Hg. v. Bea Lundt. - München: Fink 1991, S. 27; Shahar: Mittelalter, S. 18; Richard Puza: Frau. Kanonisches Recht. - In: Lexikon des Mittelalters. Bd. IV. Hg. v. Robert-Henri Bautier u. Robert Auty. - München/Zürich: Artemis 1989. Sp. 855; Ursula Münch: „Stadtluft macht frei" ? - In: Stadt der Frauen. Szenarien aus spätmittelalterlicher Geschichte und zeitgenössischer Kunst. Hg. v. Annette Kuhn und Marianne Pitzen. - Zürich/Dortmund: efeF 1994, S. 102f.; Uitz: Frau, S. 105.

(und Männer) nach einem Aufenthalt von einem Jahr und einem Tag innerhalb der Stadtmauern insofern „frei" waren, als es darin keine Leibeigenschaft gab[384] und Frauen auch bis zu einem gewissen Grad durch selbstbestimmte Lebens- und Arbeitsformen davon Gebrauch machen konnten. Der Zutritt zu gerichtlichen Funktionen und öffentlichen Ämtern (z. B. zur Stadtregierung) hingegen blieb allen Frauen verwehrt.[385] Das heißt, sie hatten laut Gesetz keinerlei Anteil an der Herrschaft in Staat und Gesellschaft, denn der Eintritt in den Kirchendienst und der Aufstieg in der geistlichen Hierarchie (also alle Funktionen in der weltlichen Kirche) waren ihnen ebenso verschlossen. Das Kirchenrecht berief sich dabei auf die zweitrangige Rolle von Frauen innerhalb der Schöpfung und auf ihren Anteil an der Erbsünde (vgl. Kapitel III/1).

Innerhalb der weltlichen Gesetzgebung wurde die Beschränkung ihrer öffentlichen Rechte mit Unwissenheit, Leichtsinn, List und Habsucht gerechtfertigt - Eigenschaften, die angeblich allen Frauen eigen waren. Die genannten Argumente trugen außerdem dazu bei, dass die Ehe- und Vermögensvormundschaft des Mannes über die Ehefrau in den Stadtrechten weitgehend aufrechterhalten blieb. Letztere durfte laut Gesetz ohne die Einwilligung ihres Gatten keine Verträge abschließen, keine Anleihen aufnehmen oder Zivilklage erheben. Im Sachsenspiegel stand dem Ehemann außerdem die alleinige Nutzung und Verfügungsgewalt an beiden Vermögensmassen zu, im Schwabenspiegel musste zu bestimmten Verfügungen die Ehefrau ihr Einverständnis geben (z. B. zu Verpfändung oder Verkauf

---

[384] Die Stadt stellte diesbezüglich also - in Analogie zu jener Christines de Pizan - einen realen Zufluchtsort für Frauen dar.

[385] Diesbezüglich darf jedoch nicht übersehen werden, dass auch Männern der unteren sozialen Schichten der Zugang zu diesen Machtpositionen verwehrt blieb - allerdings aufgrund der fehlenden materiellen Mittel, und nicht wegen der Gründe, die man(n) gegen Frauen vorbrachte. Vgl. Shahar: Mittelalter, S. 24, 164-166, 200f.; Reiner Schulze: Frau. Germanisches und Deutsches Recht. - In: Lexikon des Mittelalters. Bd. IV. Hg. v. Robert-Henri Bautier u. Robert Auty. - München/Zürich: Artemis 1989. Sp. 857; Margret Wensky: Die Frau in der städtischen Gesellschaft. - In: Lexikon des Mittelalters. Bd. IV. Hg. v. Robert-Henri Bautier u. Robert Auty. - München/Zürich: Artemis 1989. Sp. 864; Ketsch: Frauen, Bd. II, S. 179; Kuhn: Suche, S. 12f., 18; Münch: Stadtluft, S. 102, 104; Ennen: Stadt, S. 35, 38; Uitz: Frau, S. 11, 16f.; Barbara Kroemer: Von Kauffrauen, Beamtinnen, Ärztinnen. Erwerbstätige Frauen in deutschen mittelalterlichen Städten. - In: Frauen in der Geschichte. Bd. II. Hg. v. Annette Kuhn u. Jörg Rüsen. - Düsseldorf: Schwann 1982, S. 75. (= Geschichtsdidaktik: Studien, Materialien. Bd. 8)

ihrer Liegenschaften). Lediglich für Geschäfte kleineren Ausmaßes wurde ihr eine gewisse rechtliche Selbständigkeit eingeräumt.[386]

Eine Sonderstellung besaßen die selbständigen Kauffrauen. Sie erhielten häufig die volle Verfügungsgewalt über ihr Eigentum, durften Kaufverträge und Rentenkäufe abschließen und Schenkungen und testamentarische Verfügungen vornehmen. Ihre Geschäftsfähigkeit erstreckte sich auf Verschuldens- und Konkursfähigkeit. In ihren gewerblichen Angelegenheiten konnte sie unabhängig vom Willen ihres Mannes Klage erheben. Zudem darf nicht verschwiegen werden, dass im ausgehenden Mittelalter auch andere Ehefrauen das Verfügungsrecht über einen Teil des ehelichen Vermögens erhielten, allerdings nur ausnahmsweise über das Gesamtvermögen.[387]

Die oben angeführten Bedingungen galten lediglich für Ehefrauen - unverheirateten, volljährigen Frauen und Witwen wurden größere Handlungs- und Entscheidungsfreiheiten zugestanden. Sie konnten in privatrechtlicher Hinsicht als mit den Männern gleichgestellt gelten und besaßen in den Stadtrechten meist volle Vermögensverfügung sowie die Erlaubnis, Rechtsgeschäfte selbständig durchzuführen.[388]

Ein Privileg, das - auf den ersten Blick - prinzipiell für alle Stadtbewohnerinnen galt, war die Möglichkeit, selbständig das BürgerInnenrecht zu erwerben. Dieses wurde manchmal zur Bedingung gemacht, wenn Frauen (oder Männer) sich in der Stadt ansiedeln bzw. Handel und Gewerbe treiben wollten. Die Erlangung des BürgerInnenrechts durch Frauen konnte aufgrund eines ererbten oder erworbenen städtischen Besitztums, ihrer Zunftmitgliedschaft oder ihrer Heirat mit einem männlichen Bürger erfolgen, und vice versa erleichterte die Heirat mit Bürgerinnen meist den Zugang der Ehemänner zum BürgerInnenrecht. Voraussetzungen waren die Eintragung in die BürgerInnenbücher sowie die Leistung eines Aufnahmegeldes und des Treueeides an die Stadt. Damit übernahmen Frauen aber auch die Verpflichtung, Steuern zu zahlen sowie Wach- und Verteidigungsdienste zu

---

[386] Vgl. Opitz: Witwen, S. 29; Köbler: Familienrecht, S. 138, 140, 155f.; Schulze: Deutsches Recht, Sp. 857; Münch: Stadtluft, S. 102f., Uitz: Frau, S. 110f.; Shahar: Mittelalter, S. 24, 17, 99; Kroemer: Erwerbstätige, S. 75f.; Ketsch: Frauen, Bd. II, S. 179.

[387] Vgl. Ketsch: Frauen, Bd. II, S. 179; Uitz: Frau, S. 35, 47f., 157; Ennen: Stadt, S. 41; Schulze: Deutsches Recht, Sp. 858; Wensky: Städtische Gesellschaft, Sp. 864; Kroemer: Erwerbstätige, S. 76; Köbler: Familienrecht, S. 156; Shahar: Mittelalter, S. 100.

[388] Vgl. Uitz: Frau, S. 18, 114; Münch: Stadtluft, S. 102; Shahar: Mittelalter, S. 99, 101; Opitz: Witwen, S. 29.

leisten bzw. durch einen Stellvertreter/eine Stellvertreterin oder finanziell ablösen zu lassen - und hier liegt der Haken: Diese finanziellen Aufwendungen konnten lediglich Frauen des wohlhabenden Stadtbürgertums bestreiten. Ihnen sicherte das BürgerInnenrecht jedoch erweiterte Handlungsfreiheit. Sie durften Rechtsgeschäfte tätigen, Verträge abschließen, als Bürginnen, Gerichtszeuginnen und Testamentsvollstreckerinnen auftreten und mitunter für ihre Kinder als Vormünder handeln.[389]

---

[389] Vgl. Wensky: Städtische Gesellschaft, Sp. 864; Münch: Stadtluft, S. 102f.; Uitz: Frau, S. 62, 199f., 145; Shahar: Mittelalter, S. 16, 25, 166; Ennen: Stadt, S. 38; Kroemer: Erwerbstätige, S. 75.

## Erziehung und Bildung

> Nicht alle Männer, und am wenigsten die weisesten unter ihnen, sind also der [...] Meinung, daß Bildung den Frauen schadet. Eins steht jedoch fest: zahlreiche Männer, die selbst nicht sonderlich klug sind, verbreiten dies, weil es ihnen mißfiele, wenn Frauen ihnen an Wissen überlegen wären.[390]

So treffend Christine de Pizan die Hintergründe für eine schlechtere Ausbildung der Mädchen benennt, so sehr betont sie im Gespräch mit den drei Tugenden die Bedeutung einer diesbezüglichen Gleichberechtigung von Frauen und Männern aufgrund der Ebenbürtigkeit weiblicher und männlicher Intelligenz. Auch geht es ihr darum, die zeitgenössischen Frauen über die Ursachen für Unterschiede in männlicher und weiblicher Bildung aufzuklären. Zwei Argumente bringt sie gegen die Behauptung vor, Frauen seien von Natur aus weniger intelligent und lernfähig als Männer. Sie verweist auf die Nützlichkeit von praktischen Erfahrungen sowie auf die Folgen einer geschlechtsspezifischen Erziehung, die Frauen auf die Erlangung von hauswirtschaftlichen Fähigkeiten beschränkt. Da Christine de Pizan selbst (wie bereits eingangs erwähnt) darüber hinaus unter der Obhut ihres Vaters eine umfassende Ausbildung genoss, sollen nun im Vergleich dazu die Bildungsmöglichkeiten von Frauen der verschiedenen Stände einer näheren Betrachtung unterzogen werden, um Christines de Pizan Standpunkt bewerten zu können.[391]

Die Aufzucht und Erziehung der Kinder war in den ersten sieben Lebensjahren überwiegend Aufgabe der Frauen. Adelige und wohlhabende bürgerlichen Familien beschäftigten im Haus eine Amme oder übergaben das Kind zum Stillen in einen Dorfhaushalt, sodass sie es oft über lange Zeit hinweg nicht zu Gesicht bekamen. Ab dem siebten Lebensjahr wurden Patrizier- und Adelstöchter zum Teil von der Mutter erzogen, zum Teil erhielten sie (häufiger als Jungen) Privatunterricht durch HauslehrerInnen in der Herstellung von Textilien, in höfischen Sitten, Tanz, Musik, Fremdsprachen, höfischer Literatur und Religion. Daneben bestand die Möglichkeit, die Mädchen zur Erziehung an einen fremden Hof zu geben. Häufiger erfolgte die Ausbildung in den „äußeren" Klöster- oder Stiftschulen, die

---

[390] de Pizan: Buch, S. 185.
[391] Vgl. de Pizan: Buch, S. 27f., 94f.; Peters: de Pizan, S. 25f., Schmidt: Leben, S. 29; Katrinette Bodarwé: „Papir, Dincken und Federn" - Frauenbildung im Spätmittelalter. - In: Stadt der Frauen. Szenarien aus spätmittelalterlicher Geschichte und zeitgenössischer Kunst. Hg. v. Annette Kuhn und Marianne Pitzen. - Zürich/Dortmund: eFeF 1994, S. 83.

an Frauenstifte angeschlossen waren und in denen neben Lesen, Schreiben, Latein, Kenntnisse der Theologie, Musik und Medizin vermittelt wurden. Die „innere Schule" war für die Ausbildung der künftigen Nonnen zuständig, welche meist schon mit sieben Jahren in einen geistlichen Konvent eintreten mussten. Töchter begüterter Familien, für die kein Leben im Kloster vorgesehen war, hörten zwischen zwölf und 14 Jahren zu lernen auf und blieben dann bis zu ihrer Heirat im Elternhaus.[392]

Ebenfalls mit dem vollendeten 7. Lebensjahr begann für die Kinder der Handel- und Gewerbetreibenden die eigentliche Erziehung und Ausbildung. Diese bestand entweder im Schulbesuch oder in einer Lehre[393], welche anstelle der Schulbildung, aber auch anschließend daran absolviert werden konnte. Die Töchter von Kaufleuten erlernten bisweilen ein Handwerk, Töchter von HandwerkerInnen arbeiteten häufig bereits in jungen Jahren in der Werkstatt der Eltern mit. Um dem wachsenden Bildungsbedarf dieser Bevölkerungsgruppen hinsichtlich Schreib- und Rechenkenntnissen Rechnung zu tragen, entstanden zwischen dem 13. und dem 15. Jahrhundert sowohl Lateinschulen, die vereinzelt Mädchen aufnahmen, als auch „teutsche" oder niedere Schulen. Allerdings musste für beide ein hohes Schulgeld gezahlt werden, weshalb meist wiederum nur Knaben darin Aufnahme fanden. Kostengünstigere Bildungsanstalten waren die zahlreichen privaten Winkel- oder Klippschulen, die im 14. und 15. Jahrhundert zahlreich entstanden. In ihnen vermittelten Frauen oder Ehepaare auf eigene Rechnung Mädchen und Knaben die grundlegendsten Lese-, Schreib- und Rechenkenntnisse. Daneben unterhielten Beginen auch Privatschulen, die nicht unter städtischer Aufsicht standen. Neben Lesen und Schreiben lernten die Kinder hier die Grundzüge des Glaubens und des richtigen Benehmens.[394]

Die Möglichkeiten eines Schulbesuchs, der für Mädchen etwa vier Jahre dauerte - für Jungen sechs Jahre - waren für Töchter der besitzenden Stände also relativ

---

[392] Vgl. Ketsch: Frauen, Bd. II, S. 212-215, Shahar: Mittelalter, S. 174, 176, 199; Kroemer: Erwerbstätige, S. 88; Bodarwé: Frauenbildung, S. 85; Ennen: Stadt, S. 50.

[393] Die Lehre erstreckte sich in Nordeuropa über etwa sieben Jahre, in der Toskana hingegen nur drei bis vier Jahre. Vgl. Shahar: Mittelalter, S. 177.

[394] Vgl. Ketsch: Frauen, Bd. II, S. 213-126; Margret Wensky: Die Stellung der Frau in Familie, Haushalt und Wirtschaftsbetrieb im spätmittelalterlich-frühneuzeitlichen Köln. - In: Haus und Familie in der spätmittelalterlichen Stadt. Hg. v. Alfred Haverkamp. - Köln/Wien: Böhlau 1984, S. 293 (= Städteforschung. Bd. 18); Shahar; Mittelalter, S. 177, 199; Kroemer: Erwerbstätige, S. 88f.; Uitz: Frau, S. 98f., 153; Bodarwé: Frauenbildung, S. 84.

vielfältig. Dies mag vielleicht zunächst fortschrittlich anmuten, leuchtet jedoch ein, wenn man/frau bedenkt, dass die aufgeschlossene Haltung gegenüber einer Elementarbildung der Mädchen in engem Zusammenhang mit den Bedürfnissen des städtischen Alltags, den Anforderungen von Handel und Gewerbe, Verwaltung und Fürsorge, steht. Demgegenüber mussten die Frauen der Unterschichten ihre Kinder selbst erziehen; Möglichkeiten zur Ausbildung gab es für Letztere keine.[395]

Folgende Aussagen besaßen wiederum für *alle* Stadtbewohnerinnen Gültigkeit: Es standen ihnen insgesamt weniger Schul- und Bildungsstätten zur Verfügung als Männern. So blieben ihnen die städtischen Rats- oder Lateinschulen meist und die höheren Bildungsstätten wie Rechts-, Mathematik- und Grammatikschulen und Universitäten gänzlich verschlossen, denn eine weitergehende wissenschaftliche Bildung wie bei Jungen schien überflüssig. Bei Mädchen besaß die sittliche Bildung den Vorrang vor der wissenschaftlichen. Hinzu kamen die angeblich geringeren weiblichen Verstandesgaben und die Ansicht, Wissen sei der Moral einer Frau abträglich.[396]

Als folgenschwer erwies sich das Zutrittsverbot zu den Universitäten für Frauen v. a. deshalb, weil diese seit dem 13. Jahrhundert[397] stufenweise zur weltlichen Bildungseinrichtung für eine neue Spezialistenschicht für Verwaltung und Organisation ausgebaut wurden und die Professionalisierung der Bildung sowie die Monopolisierung des Wissens für sich beanspruchten. Diese Entwicklung bewirkte nicht nur eine Verstärkung männlicher Superiorität und eine Einschränkung weiblicher Kompetenzen, sondern weitete auch die Bildungskluft zwischen Männern und Frauen (v.a. aus dem gehobenen Mittelstand der Städte) zunehmend aus.

---

[395] Vgl. Shahar: Mittelalter, S. 177, 198; Wensky: Stellung, S. 293; Bodarwé: Frauenbildung, S. 85; Uitz: Frau, S. 34.

[396] Vgl. Peters: de Pizan, S. 27; Bodarwé: Frauenbildung, S. 84; Ketsch: Frauen, Bd. II, S. 214f., 275; Shahar: Mittelalter, S. 165, 200; Wensky: Stellung, S. 293; Kroemer: Erwerbstätige, S. 88.

[397] In Deutschland entstanden die Universitäten seit dem 14. Jh. Vgl. Kroemer: Erwerbstätige, S. 85.

Dazu trug auch das Aufkommen der humanistischen Gymnasien im ausgehenden 15. Jahrhundert bei, die das Auseinandergehen der Knaben- und Mädchenbildung besiegelten. Aufgrund all dieser Faktoren blieb die Zahl gründlich gebildeter Frauen, die nicht dem geistlichen Stand angehörten, in allen europäischen Ländern außerordentlich gering.[398]

---

[398] Vgl. Uitz: Frau, S. 99, Shahar: Mittelalter, S. 200; Bodarwé: Frauenbildung, S. 86; Christina Kothe u. Doris Marquardt: Frauen in städtischen Ämtern. - In: Stadt der Frauen. Szenarien aus spätmittelalterlicher Geschichte und zeitgenössischer Kunst. Hg. v. Annette Kuhn und Marianne Pitzen. - Zürich/Dortmund: eFeF 1994, S. 114; Ennen: Stadt, S. 50.

## Frauen im Erwerbsleben

Bei der Lektüre des „Buch[es] von der Stadt der Frauen" fällt auf, dass Christine de Pizan ihre Stadt zwar mit Frauen aller Stände und Zeiten bevölkert, die sich nicht den traditionellen Frauenbildern unterwarfen, aber der Situation arbeitender Frauen keine Beachtung schenkt. Als Gründe dafür können sowohl ihre wohlhabenden MäzenInnen angesehen werden, die sich kaum für eine Beschreibung des Erwerbslebens interessiert haben dürften, als auch die Tatsache, dass die Autorin sich im „Buch der drei Tugenden" explizit an die Frauen aller Stände wendet. Nichtsdestoweniger ist es ihr ein wesentliches Anliegen, aufzuzeigen, dass Frauen aufgrund der Ebenbürtigkeit ihrer Intelligenz in der Lage sind, die gleichen Aufgaben auszuführen wie Männer. Dass dem in der Realität des Spätmittelalters tatsächlich so war, wird im folgenden Kapitel dargestellt. Bevor ich allerdings auf die Erwerbsmöglichkeiten von Frauen in den verschiedenen Ständen näher eingehe, möchte ich auf Allgemeines hinweisen. Die Tätigkeiten von Frauen, die sie im Zuge der Hauswirtschaft unternahmen, sollen im Folgenden nicht erwähnt werden.[399] Vielmehr soll der weibliche Anteil an den Verdienstmöglichkeiten zum Ausdruck kommen, obwohl aufgrund der größtenteils engen Verbindung der Arbeitsbereiche von Frauen mit den hauswirtschaftlichen Tätigkeiten die Grenzen zwischen „Hausfrauenarbeit" und Marktproduktion v. a. in der Nahrungsmittel- und Textilherstellung fließend sind, da Überschüsse des Haushalts oft auf dem Markt verkauft wurden.[400]

Frauen bewährten sich in einer ziemlich breiten Skala von „Berufen", die zum Teil beachtliches intellektuelles Niveau und Können voraussetzten. Relativierend ist an dieser Stelle allerdings anzumerken, dass man/frau nicht von „Beruf" im heutigen Sinn sprechen kann, denn weite Kreise der mittelalterlichen Stadtbevölkerung gingen keineswegs kontinuierlich einer bestimmten Erwerbstätigkeit nach, und besonders Frauen nicht. Denn v. a. bei den Unterschichten und armen

---

[399] Ebenso wird auf die Beschreibung von Künstlerinnen verzichtet.

[400] Vgl. Peters, de Pizan, S. 26; Katrinette Bodarwé: Das Haus in der städtischen Ökonomie. - In: Stadt der Frauen. Szenarien aus spätmittelalterlicher Geschichte und zeitgenössischer Kunst. Hg. v. Annette Kuhn und Marianne Pitzen. - Zürich/Dortmund: eFeF 1994, S. 46; Michael Mitterauer: Familie und Arbeitsorganisation in städtischen Gesellschaften des späten Mittelalters und der frühen Neuzeit. - In: Haus und Familie in der spätmittelalterlichen Stadt. Hg. v. Alfred Haverkamp. - Köln/Wien: Böhlau 1984, S. 31 (= Städteforschung. Bd. 18); Peter Ketsch: Frauen im Mittelalter. Quellen und Materialien. Bd. I. Frauenarbeit im Mittelalter. - Düsseldorf: Schwann-Bagel 1983, S. 113 (= Geschichtsdidaktik: Studien, Materialien. Bd. 14);

HandwerkerInnen stand nicht die Arbeit selbst im Vordergrund, sondern das Bemühen des Ehepaares, den Lebensunterhalt für die Familie auf jede erdenkliche Art zusammenzubringen. Dies hatte zugleich zur Folge, dass Frauen einen beträchtlichen Anteil am Wirtschaftsleben von Städten leisteten.[401]

Die arbeitenden Frauen rekrutierten sich u.a. aus Migrantinnen, die es aufgrund der günstigen Verdienst- und Arbeitschancen aus Landgebieten in die Städte zog und die sich häufig als Lohnarbeiterinnen verdingten[402], sowie aus Ehefrauen, die in den Handelsgeschäften oder Gewerbebetrieben ihrer Männer mithalfen. Die Belege für deren kaufmännische und gewerbliche Aktivitäten mehren sich seit dem 13. Jahrhundert; im 14. und 15. Jahrhundert sind Städterinnen in vielen Handelsberufen und Handwerken nachzuweisen. Daneben übten zahlreiche Frauen auch Tätigkeiten aus, die in keiner Verbindung zum Gewerbe ihrer Männer standen und zumeist den sogenannten „freien" Berufen zuzuordnen sind, welche keinen zünftischen Regulierungen unterlagen, oder solchen, die in Lohnarbeit verrichtet wurden. Dies bedeutet, dass die individuelle Erwerbstätigkeit keineswegs generell mit ökonomischer Selbständigkeit zu tun hatte. Vielfach war sie ein zeitweiliger Zuerwerb oder Arbeit in abhängiger Stellung. Weil Frauenlöhne wesentlich niedriger ausfielen als die ihrer männlichen Kollegen, mussten sie außerdem nicht selten mehreren „Berufen" nachgehen, um ihren notwendigen Lebensunterhalt zu verdienen.[403]

---

[401] Vgl. Ennen: Stadt, S. 35; Bodarwé: Haus, S. 43f.; Uitz: Frau, S. 10, 34; Mitterauer: Familie, S. 12; Wensky: Stellung, S. 302; Ketsch: Frauen, Bd. II, S. 113; Dorothee Rippmann u. Katharina Simon-Muscheid: Weibliche Lebensformen und Arbeitszusammenhänge im Spätmittelalter und in der frühen Neuzeit. Methoden, Ansätze und Postulate. - In: Frauen und Öffentlichkeit. Beiträge der 6. Schweizerischen Historikerinnentagung. Hg. v. Mireille Othenin-Girard, Anna Gossenreiter u. Sabine Trautweiler. - Zürich: Chronos 1991, S. 84.

[402] Diese Zuwanderung ist auch der Grund für den „Frauenüberschuß", den Karl Bücher in seinem Werk „Die Frauenfrage im Mittelalter" konstatiert hatte. Als Ursache für den hohen Frauenanteil der Stadtbevölkerung im Spätmittelalter nannte Bücher allerdings die höhere Sterblichkeit der Männer - eine These, die heute widerlegt ist. Vgl. Bodarwé: Haus, S. 42, Just: Unterschicht, S. 58, Uitz: Frau, S. 65, Mitterauer: Familie, S. 14, 18, Shahar: Mittelalter, S. 191, 201.

[403] Vgl. Shahar: Mittelalter, S. 185f.; Kuhn: Suche, S. 15, 19; Ulrike Just: „de manu in dentem" - Von der Hand in den Mund. Frauen in der Unterschicht. - In: Stadt der Frauen. Szenarien aus spätmittelalterlicher Geschichte und zeitgenössischer Kunst. Hg. v. Annette Kuhn und Marianne Pitzen. - Zürich/Dortmund: eFeF 1994, S. 65; Uitz: Frau, S. 55; Mitterauer: Familie, S. 27, 33; Wensky: Stellung, S. 289, 293; Rippmann/Simon-Muscheid: Lebensformen, S. 83, 90; Wensky: Städtische Gesellschaft, Sp. 864.; Kroemer: Erwerbstätige, S. 75; Ketsch: Frauen, Bd. II, S. 113.

Hinzu kam, dass den Frauen die Leitung des Haushalts oblag. Dieser zeichnete sich durch Vorratswirtschaft und Eigenproduktion aus und galt dadurch als subsistenzsichernde und zugleich profitorientierte Einheit, die das familiale Überleben gewährleistete und Chancen zum sozialen Aufstieg ermöglichte. Genauer gesagt waren Haus und Ehe die Grundlage der sozialen, gesellschaftlichen und wirtschaftlichen Existenz, wobei allerdings eine Differenzierung zu beachten ist. Denn Haushalt und Ehe bzw. Familie waren nicht identisch - der Haushalt umfasste neben dem Ehepaar und deren Kindern häufig noch Ziehkinder und v. a. im Handwerk und Handel noch Lehrlinge, Gesellen, Knechte und Mägde. Oft kamen noch Verwandte, UntermieterInnen sowie Schlaf- und KostgängerInnen dazu.[404]

Im Anschluss an diese (relativ) allgemeingültigen Aussagen sollen nun die Erwerbsmöglichkeiten von Frauen im Hinblick auf ihre Standeszugehörigkeit erläutert werden.

### Die Oberschicht

Kennzeichen des Patriziats, zu dem Groß- und FernhandelskaufIeute, VerlegerInnen und MontanunternehmerInnen zählten, sowie des Stadtadels waren Reichtum, gesellschaftliches Ansehen und Ratsfähigkeit. Die aristokratischen Frauen verfügten kaum über standesgemäße Erwerbsmöglichkeiten, da ihnen der Zugang zu geistlichen und politischen Ämtern versperrt war und nur der Ausweg des Klostereintritts verblieb, wenn nicht erhebliche Einbußen im gesellschaftlichen Ansehen die Konsequenz sein sollten. Im Gegensatz dazu stand den Patriziergattinnen, die als Kauffrauen im Groß- und Fernhandel tätig werden konnten, ein großer Aktionsradius offen. Sie beteiligten sich aktiv und passiv an Handelsgesellschaften (jedoch meist nur gemeinsam mit einem Partner/einer Partnerin), waren auf Messen (u.a. in Frankfurt und Antwerpen), Märkten und in Kaufhäusern präsent, betrieben vereinzelt eigene Unternehmen, auch wenn keine wirtschaftliche Notwendigkeit bestand[405] und waren auf eigenes Risiko im Ex- und Import

---

[404] Vgl. Kuhn: Suche, S. 15; Kerstin Schukowski: Mittelalterliche Stadtentwicklung - Chancen für Frauen? - In: Stadt der Frauen. Szenarien aus spätmittelalterlicher Geschichte und zeitgenössischer Kunst. Hg. v. Annette Kuhn und Marianne Pitzen. - Zürich/Dortmund: eFeF 1994, S. 32; Bodarwé: Haus, S. 42f.; Just: Unterschicht, S. 63; Pernoud: Christine, S. 43; Wensky: Stellung, S. 293; Uitz: Frau, S. 63.

[405] So war beispielsweise die Engländerin Margery Kempe mit einem der angesehensten Kaufleute der Stadt Lynne verheiratet. Dennoch betrieb sie zunächst eine Brauerei und anschließend eine Getreidemühle. Als Motiv für ihre Berufstätigkeit gab sie an, trotz vierzehn Kindern nicht ausgelastet zu sein und ihr Bedürfnis nach Luxus befriedigen zu wollen. Vgl. Shahar: Mittelalter, S. 184; Uitz: Frau, S. 42.

tätig. Letzteres traf v. a. auf Kölner Kauffrauen zu - sie waren grundsätzlich vom Import keiner einzigen Ware ausgeschlossen und handelten insbesondere mit Gewürzen[406], Wein, Textilien und Metall.[407]

Unabhängige Kauffrauen im Groß- und Fernhandel blieben allerdings die Ausnahme. Üblicherweise unternahmen die Ehemänner die Fernhandelsreisen, während die Frauen aufgrund ihrer Stellvertretungsbefugnisse den Laden führten und die Abwicklung von Geschäften oder der Führung von Prozessen übernahmen. Witwen führten die Handelsgeschäfte ihrer verstorbenen Ehemänner - meist in geringerem Umfang - weiter.[408]

### Die Mittelschicht

*Frauen im Handwerk*

Die Mittelschicht unterschied sich von der Unterschicht durch eine abgeschlossene Berufsausbildung, berufliche Selbständigkeit, meist zünftig organisierte Berufstätigkeit und durch das Vollbürgerrecht. Dazu zählten die (besitzenden) Angehörigen des Handwerks und der sogenannten „freien Berufe" wie ÄrztInnen, ApothekerInnen und städtische BeamtInnen. In diesem Stand waren Frauen in den meisten „Berufen" vertreten. So ist unbestritten, dass Frauen im Spätmittelalter in vielen Städten sowohl im zünftigen als auch im unzünftigen Handwerk arbeiteten - als Hilfskräfte, Mägde, mithelfende Ehefrauen und Töchter, jedoch vermutlich nur selten als selbständige, zünftische Meisterinnen. Dabei gab es kaum Produktionsbereiche, die man(n) Frauen grundsätzlich verschloss. Allgemein am weitesten verbreitet war Frauenarbeit jedoch in den Nahrungsmittelgewerben (Bierbrauerinnen, Bäckerinnen, Gärtnerinnen,...) am Textilsektor (Leinwandherstellerinnen, Sticken, Beutel- und Taschenmacherinnen, Spinnerinnen, Weberinnen,...)

---

[406] Die Kölnerin Greta zom Barde führte allein 24% aller Zuckerimporte ein. Vgl. Karla Vossen: Wachs, Papier und feine Seife - Von Krämerinnen und Hökerinnen. - In: Stadt der Frauen. Szenarien aus spätmittelalterlicher Geschichte und zeitgenössischer Kunst. Hg. v. Annette Kuhn und Marianne Pitzen. - Zürich/Dortmund: eFeF 1994, S. 141.

[407] Vgl. Wensky: Städtische Gesellschaft, Sp. 864; Kroemer: Erwerbstätige, S. 77; Vossen: Krämerinnen, S. 138, 140f.; Uitz: Frau, S. 35, 37f., 47; Ketsch: Frauen, Bd. I, S. 226; Ennen: Stadt, S. 46; Wensky: Stellung, S. 296-298; Ketsch: Frauen, Bd. II, S. 272.

[408] Vgl. Wensky: Städtische Gesellschaft, Sp. 864; Kroemer: Erwerbstätige, S. 76f.; Vossen: Krämerinnen, S. 139, 141.; Uitz: Frau, S. 36, 38; Ketsch: Frauen, Bd. I, S. 225f.; Ketsch: Frauen, Bd. II, S. 180; Shahar: Mittelalter, S. 184.

und in den Luxusgewerben (Goldspinnerinnen, Seidenstickerinnen).[409] Den Ehefrauen von Handwerkern oblag zusätzlich meist noch der gesamte kaufmännische Bereich, d. h. der Einkauf der Rohstoffe sowie der Verkauf der erzeugten Produkte.[410]

So standen Frauen zwar viele Tätigkeitsbereiche offen, doch bei der Aufnahme in die Zünfte verfuhr man(n) strenger. Einige Zünfte blieben für Frauen völlig verschlossen, andere legten ihnen weitreichende Beschränkungen auf, die sich auf die Produktion bezogen, und hier wiederum auf die qualifizierte Arbeit. In einem Großteil der Zunftordnungen finden sich keinerlei Hinweise auf Frauen.[411] Eine gleichberechtigte Stellung innerhalb der Zünfte stellt insgesamt eine Ausnahme dar, und auch die Fortführung des Gewerbebetriebes durch Meisterswitwen wurde durch die Zünfte geregelt - und zwar auf unterschiedliche Weise: Diese Frauen besaßen das Fortführungsrecht entweder allein oder gemeinsam mit einem Sohn, Lehrjungen oder Gesellen; es galt entweder lebenslang oder befristet mit der Auflage, innerhalb einer bestimmte Zeit zu heiraten.[412] Zu unterscheiden ist des Weiteren zwischen Voll- und bedingter Mitgliedschaft in den Zünften. Erstere war der wirtschaftlich selbständigen Handwerkerin möglich, wenn sie die allgemein üblichen Aufnahmebedingungen erfüllte (Zeugnis über eheliche Geburt, einwandfreier Leumund, Zahlung der Aufnahmegebühr), zweitere jenen Frauen, die aufgrund des Witwenrechts in der Zunft geduldet wurden. Zusätzlich gab es eine Art der Zunftzugehörigkeit, die auf dem genossenschaftlichen Charakter der Zünfte basierte, sich primär auf den religiös-bruderschaftlichen Bereich (Unterstützung alter und kranker Zunftmitglieder,...) beschränkte, gewisse materielle und spirituelle Sicherheit und ein soziales Netz bot und nicht an die Ausübung des entsprechenden Handwerks gebunden war.

---

[409] Wie Mitterauer vermutet, zeigt sich diese Tendenz v.a. deshalb, weil sich diese Gewerbezweige aus Tätigkeiten entwickelten, die in bäuerlichen Hausgemeinschaften dem Arbeitsbereich der Frau angehörten. Vgl. Mitterauer: Familie, S. 28.

[410] Vgl. Bodarwé: Haus, S. 43; Just: Unterschicht, S. 60f.; Vossen: Krämerinnen, S. 141; Uitz: Frau, S. 42, 46, 54; Mitterauer: Familie, S. 19, 28f., 291; Ennen: Stadt, S. 41; Wensky: Städtische Gesellschaft, Sp. 865; Ketsch: Frauen, Bd. I, S. 112f., 142-145, 152, 226f.; Shahar: Mittelalter, S. 180-183.

[411] Allerdings muss die Diskrepanz zwischen den Zunftstatuten und ihrer Umsetzung in die Praxis beachtet werden, was positive und negative Auswirkungen auf Frauen haben konnte. Für eine umfassende Analyse sind daher auch andere Quellengattungen heranzuziehen. Vgl. dazu Rippmann/Simon-Muscheid: Lebensformen, S. 75.

[412] Vgl. Shahar: Mittelalter, S. 180, 185; Ketsch: Frauen, Bd. I, S. 29, 112-117; Mitterauer: Familie, S. 29; Ennen: Stadt, S. 41; Uitz: Frau, S. 64.

Auch in diesem Fall mussten Eintritt und Mitgliedschaft jedoch erkauft werden, was für Frauen oft eine unüberwindbare Schranke darstellte. Diejenigen Frauen allerdings, die selbst Zunftmitglieder waren, konnten in gemischten Verbänden bisweilen die Satzung mitbestimmen und sich in den reinen Frauenzünften Kölns ihre eigenen Verordnungen geben.[413]

Zu dieser besonderen Erscheinung zählten die Zünfte der Garnmacherinnen und Goldspinnerinnen sowie die der Seidmacherinnen/-weberinnen und -spinnerinnen (Letztere bildeten gemeinsam das Seidengewerbe). Die ersten beiden erhielten ihr Zunftrecht 1397, das Seidengewerbe erst im 15. Jahrhundert. Allen drei Zünften war die Ausbildung von Lehrmädchen erlaubt; die Garnmacherinnen bildeten sogar ein Witwerrecht aus. Die kaufmännischen Aktivitäten übernahmen oft die Ehemänner.[414]

Die Frauenzünfte blieben eine Ausnahmeerscheinung. Im ausgehenden Mittelalter bekamen die Frauen die Abschließungstendenzen der Zünfte zu spüren, da sie Meister wie Gesellen zunehmend als Konkurrenz empfanden. Dies äußerte sich darin, dass bis dahin unzünftige weibliche Arbeitsbereiche von den Zünften für sich beansprucht und unter zünftige Kontrolle gebracht wurden.[415]

*Frauen in halbamtlichen städtischen Funktionen*

Die Organisation einer größeren Stadt erforderte eine hohe Anzahl an Arbeitskräften im städtischen Dienst; man(n) betraute daher auch Frauen mit halbamtlichen Tätigkeiten. Die Inhaberinnen dieser Funktionen wurden für eine „Amtszeit" von einem Jahr gewählt, wie ihre männlichen Kollegen vereidigt und nahmen als Beamtinnen die unterschiedlichsten Aufgaben wahr. Frauen waren als „candelatrix" (Laternenwächterinnen) ebenso tätig wie als Ratskuchenbäckerinnen, Geldwechslerinnen, Zöllnerinnen und Pfandleiherinnen sowie bei der Einnahme von Steuern, Zinsen, Zöllen und Wegegeldern. Erwähnung finden Frauen auch

---

[413] Vgl. Shahar: Mittelalter, S. 180; Uitz: Frau, S. 62-64; Rippmann/Simon-Muscheid: Lebensformen, S. 67; Ketsch: Frauen, Bd. I, S. 115f., 143.

[414] Vgl. Wensky: Städtische Gesellschaft, Sp. 865; Uitz: Frau, S. 56; Ennen: Stadt, S. 45f.; Mitterauer: Familie, S. 32; Wensky: Stellung, S. 289f., 299-302; Ketsch: Frauen, Bd. I, S. 146, 150, 155; Kerstin Schukowski: „Mit Perlen unterschlagen..." - Seidmacherinnen in Köln. - In: Stadt der Frauen. Szenarien aus spätmittelalterlicher Geschichte und zeitgenössischer Kunst. Hg. v. Annette Kuhn und Marianne Pitzen. - Zürich/Dortmund: eFeF 1994, S. 145.

[415] Vgl. Rippmann/Simon-Muscheid: Lebensformen, S. 66.

als Botinnen und Hirtinnen. In Köln waren zahlreiche Frauen zusätzlich am Hochgericht als Schreiberinnen (schryverse) und Taxatorinnen (keufferse) tätig. Letztere hatten gerichtliche Pfändungen zu veräußern. Zudem nahmen Frauen als Wirtinnen Waren in Kommission und verkauften sie an ihre Gäste. Neben diesen schon bestehenden Ämtern wurde an der Wende zur Frühen Neuzeit auch das Hebammenwesen unter städtische Aufsicht gestellt. Eine Reihe von weiteren Aufgaben erfüllten Ehepaare gemeinsam, beispielsweise die Leitung und Verwaltung des Brückenamtes, der Stadtwaage, des Hospitals[416], des Gefängnisses, des Findelhauses, des Kaufhauses und des Rathauses. Erst als für die Zulassung zu Amtstätigkeiten formale Qualifikationen vorausgesetzt wurden, die Frauen aufgrund der Nichtzulassung zum Studium nicht erbringen konnten, erfolgte ihr Ausschluss auch in diesem Bereich.[417]

*Weibliche Erwerbstätigkeit im medizinischen Bereich*

Heilkunst galt ursprünglich als weibliches Betätigungsfeld, das von Frauen aller Bevölkerungsschichten betrieben wurde. Diese Praktikerinnen, die aus tradiertem Wissen heraus arbeiteten, waren im heutigen Sinne Ärztin, Apothekerin und Krankenschwester in einer Person und begegnen von ca. 1300-1500 in europäischen Städten sehr häufig. Sie betätigten sich v.a. auf dem Feld der Chirurgie, die ein Lehrberuf war, aber auch in der Herstellung von Heil- und Arzneimitteln und genossen (zumindest in Deutschland) bis zum Ende des 15. Jahrhunderts durchaus öffentliche Anerkennung.[418]

Eine Verdrängung der heilkundigen Frauen (zu denen auch die Hebammen[419] zählten) erfolgte erst, nachdem sich um 1500 auch für den medizinischen Bereich

---

[416] Das Aufgabengebiet der Spitäler umfasste einen weit größeren Bereich als heutzutage: Sie boten Kranken, Altersschwachen, Waisen, Findlingen, Pilgern Unterkunft und Verpflegung. Vgl. Ketsch: Frauen, Bd. I, S. 265.

[417] Vgl. Kothe/Marquardt: Ämter, S. 113; Ursula Münch: Frauenarbeit im Hospital. - In: Stadt der Frauen. Szenarien aus spätmittelalterlicher Geschichte und zeitgenössischer Kunst. Hg. v. Annette Kuhn und Marianne Pitzen. - Zürich/Dortmund: eFeF 1994, S. 119; Vossen: Krämerinnen, S. 141; Wensky: Städtische Gesellschaft, S. 864; Kroemer: Erwerbstätige, S. 81; Uitz: Frau, S. 42, 100f.; Ketsch: Frauen, Bd. I, S. 113, 230, 581; Shahar: Mittelalter, S. 81.

[418] Vgl. Ketsch: Frauen, Bd. I, S. 260f.; Kothe/Marquardt: Ämter, S. 114; Wensky: Städtische Gesellschaft, Sp. 864; Kroemer: Erwerbstätige, S. 84f.; Uitz: Frau, S. 69.

[419] Die ursprünglich autonome Hebammentätigkeit wurde zuerst unter kirchliche, später unter städtische Kontrolle gestellt und zunehmend reglementiert. Vgl. Kroemer: Erwerbstätige, S. 82f.; Kothe/Marquardt: Ämter, S. 114-118; Ketsch: Frauen, Bd. I, S. 262-264; Uitz: Frau, S. 72.

die akademische Ausbildung durchgesetzt hatte und die ärztliche Praxiserlaubnis (aus Konkurrenzgründen) auf Universitätsabsolventen beschränkt war. Allerdings bestand in der Bevölkerung aufgrund der häufigen Fehlgriffe der Schulmediziner (insbesondere auf dem Gebiet der Geburtshilfe mangelte es ihnen an praktischer Erfahrung) noch lange Zeit größeres Vertrauen zu sogenannten „weisen Frauen". Deren heilkundiges Wissen wurde (deswegen?) jedoch mit Magie gleichgesetzt, und im Zusammenhang mit den Hexenverfolgungen kam es zur endgültigen Ausschaltung der Frauen als selbständige Medizinerinnen.[420]

### Die Unterschicht

*Lohnarbeiterinnen und Kleinhändlerinnen*

Die Unterschicht umfasste den wirtschaftlich unselbständigen Teil der Bevölkerung, der weder über ein regelmäßiges Einkommen noch über Vermögen oder ein Bürgerrecht verfügte. Dazu gehörten KrämerInnen, HökerInnen, HausiererInnen, Dienstboten, arme HandwerkerInnen, (Stück-)LohnarbeiterInnen, TagelöhnerInnen, ehrliche Stadtarme, BettlerInnen sowie die Angehörigen der „unehrlichen" Berufe wie Henker, BaderInnen, BarbierInnen[421] und Prostituierte. Diese Randständigen, die von der Hand in den Mund lebten, stellten den Großteil der städtischen Bevölkerung, wobei Frauen überproportional vertreten waren, was deren soziale Diskriminierung in der spätmittelalterlichen Gesellschaft verdeutlicht.

Die Angehörigen der Unterschichten schreckten auch vor physisch anstrengenden Tätigkeiten nicht zurück. So verrichteten sie unqualifizierte, schlecht bezahlte Hilfs- und Vorbereitungsarbeit u.a. in der Metallverarbeitung, im Baugewerbe, im Straßenunterhalt, im Wein-, Garten- und Ackerbau und teilweise in der Textilbranche.[422]

---

[420] Vgl. Ketsch: Frauen, Bd. I, S. 260-262; Kroemer: Erwerbstätige, S. 84-87; Uitz: Frau, S. 68; Wensky: Städtische Gesellschaft, Sp. 864; Shahar: Mittelalter, S. 189f.; Kothe/Marquardt: Ämter, S. 114.

[421] Während Frauen in öffentlichen Bädern als Baderinnen in Erscheinung traten, war der sich im Spätmittelalter als eigener Berufsstand ausbildende zünftische Beruf des Barbiers fast ausschließlich den Männern vorbehalten, unzünftisch beteiligten sich auch Frauen. Vgl. Ketsch: Frauen, Bd. I, S. 267.

[422] Vgl. Schukowski: Chancen, S. 35; Just: Unterschicht, S. 60f., 65; Claudia Stein: Am Rande der Gesellschaft. - In: Stadt der Frauen. Szenarien aus spätmittelalterlicher Geschichte und zeitgenössischer Kunst. Hg. v. Annette Kuhn und Marianne Pitzen. - Zürich/Dortmund: eFeF 1994, S. 162; Kroemer: Erwerbstätige, S. 92; Ketsch: Frauen, Bd. I, S. 30; Wensky: Städtische Gesellschaft, Sp. 865; Uitz: Frau, S. 60; Rippmann/Simon-Muscheid: Lebensformen, S. 71f., 81f., 89f.

Aber auch die in Haushalt, Handwerks- und Handelsbetrieb beschäftigten Mägde wurden nicht geschont, obwohl sie - im Vergleich zu den qualifizierten Handwerksgesellen mit entsprechenden Lohnansprüchen - beträchtlich geringere Löhne erhielten (jedoch immer noch mehr als Knechte auf dem Land). Neben der finanziellen Gleichstellung fehlte ihnen auch eine eigene „Berufsidentität". Ein Grund dafür dürfte darin zu finden sein, dass der Begriff „Magd" meist eine Übergangslösung darstellte und ein breites Spektrum von Altersstufen und Lebenssituation abdeckte. Mägde und andere Lohnarbeiterinnen rekrutierten sich vor allem aus Ledigen, Witwen oder einer eigenen Tätigkeit nachgehenden verheirateten Frauen.[423]

Neben Lohnarbeit bestand für Frauen der Unterschichten noch die Möglichkeit der Krämerei und Hökerei; und tatsächlich scheinen Frauen in beiden Berufen in den Quellen sehr häufig auf. KrämerInnen hatten das Recht des Detailhandels mit importierten Waren; verkauft wurde ihr breites Warensortiment in sogenannten Kramen, meist einfachen Buden. Im Unterschied zu den zünftigen KrämerInnen waren HökerInnen nichtzünftige KleinhändlerInnen, die bestimmte, regional produzierte Waren (v.a. Lebensmittel) zum Verkauf anboten. Es war ihnen kaum möglich, auf legale Weise zu Vermögen zu kommen.

Daneben gab es noch GewandschneiderInnen, die Handel mit ausländischen Tuchen trieben, aber auch mit anderen Waren wie Wein und Gewürzen. Und Käuferinnen betrieben eine Art Kommissionshandel, indem sie für andere den Verkauf von Waren gegen Bezahlung übernahmen.[424]

---

[423] Bezüglich der mit armen Handwerkern verheirateten Frauen, die einer außerhäuslichen Lohnarbeit nachgingen, haben Rippmann/Simon-Muscheid auf den Aspekt aufmerksam gemacht, dass die von der Forschung stark betonte Idee einer räumlichen und funktionalen Einheit von Haushalt und Betrieb als Charakteristikum des zünftigen Handwerks - zumindest am Ende des Mittelalters - für weite Kreise der Bevölkerung in dieser Weise nicht existierte (Bau-, Transport- und Agrarsektor). Vgl. Rippmann/Simon-Muscheid: Lebensformen, S. 64, 77-79; Shahar: Mittelalter, S. 180; Wensky: Stellung, S. 292; Ennen: Stadt, S. 41; Kroemer: Erwerbstätige, S. 92; Uitz: Frau, S. 65,

424 Vgl. Kroemer: Erwerbstätige, S. 79; Uitz: Frau, S. 44f.; Ketsch: Frauen, Bd. I, S. 228f.; Vossen: Krämerinnen, S. 141-143; Wensky: Städtische Gesellschaft, S. 864.

*Prostituierte*

Gegenüber Frauen, die anstelle von Waren ihren Körper feilboten, war die offizielle Haltung bis zur Reformation von der katholischen Kirche, und diese wiederum in großem Maß von der Gesellschaftstheorie des Augustinus bestimmt. Der Kirchenvater ließ zwar keinen Zweifel an der sündigen Tätigkeit, betonte jedoch gleichzeitig ihren Wert für den Erhalt der Ordnung:[425]

> Wenn du die Huren aus der Gesellschaft entfernst, wird die Hurerei sich überall verbreiten. [...] Dirnen in der Stadt gleichen den Abwasserrinnen im Palast. Nimmst du sie heraus, so stinkt das ganze Schloß.[426]

Die Funktion der Prostitution lag also darin, einem Übergreifen der Sittenlosigkeit auf alle StadtbewohnerInnen vorzubeugen. Zur Verhütung von Ehebruch glaubten die Städte, auf die Errichtung von Bordellen nicht verzichten zu können. Zugleich war die Gründung der sogenannten Frauenhäuser, die seit dem 13. Jahrhundert zahlreich bezeugt sind und seit der Mitte des 14. Jahrhunderts auch im deutschen Sprachraum entstanden, ein Ausdruck der Kontrolle. Die Obrigkeiten meinten, die Prostitution dadurch in den Griff zu bekommen. Deshalb unterlag sie zwar einer strengen Reglementierung und wurde den minderwertigen und „unehrlichen Berufen" zugerechnet, dennoch war das Gewerbe offiziell und gesetzlich zugelassen, sodass die Huren (in begrenztem Maße) am gesellschaftlichen Leben teilhaben konnten.[427]

Im 15. Jahrhundert erfolgte allerdings eine Änderung ihrer gesellschaftlichen Stellung. Die Prostituierten stießen auf offene Ablehnung, und im 16. und 17. Jh. führten königlicher Absolutismus, Reformation und Gegenreformation sowie die Angst vor Syphilis zu ihrer völligen Stigmatisierung sowie zur Abschaffung der Frauenhäuser. Die Prostituierten ereilte damit ein Schicksal, das sie mit den anderen Randständigen gemein hatten: Im ausgehenden Mittelalter häuften sich Gesetze, die die gesellschaftliche Aussonderung der Unterschichten forderten, was sich auch in der Topographie der Städte widerspiegelte, da sie an den Stadtrand

---

425 Vgl. Stein: Prostitution, S. 169.

426 Augustinus: De Ordine, P. L., Bd. XXXII, Sp. 1000. Zit. n. Shahar: Mittelalter, S. 192. Vgl. auch Kroemer: Erwerbstätige, S. 90.

427 Vgl. Stein: Prostitution, S. 169f.; Shahar: Mittelalter, S. 192-195; Kroemer: Erwerbstätige, S. 90f.; Uitz: Frau, S: 103; Ketsch: Frauen, Bd. I, S. 310-313.

verbannt wurden.[428] Die verschärfte soziale Diskriminierung, Marginalisierung und Stigmatisierung kommt zusätzlich dadurch zum Ausdruck, dass Randgruppen durch Kleiderordnungen gezwungen wurden, ihre religiöse, soziale oder ethnische Andersartigkeit offen zur Schau zu tragen, damit die Begegnung mit ihnen vermieden werden konnte. Mit der bewussten Abgrenzung und Reglementierung einer ging unverhohlene Verachtung der Randgruppen. Wenn noch im Hochmittelalter zum christlichen Weltbild die Vorstellung gehörte, dass Armut gottgewollt sei, damit die Reichen etwas für ihr Seelenheil tun könnten, so wurde sie immer mehr mit Faulheit gleichgesetzt. Einen wesentlichen Beitrag zu dieser Einstellung dürften die Krisen des Spätmittelalters geleistet haben. Pest (1348-1440), Missernten, Teuerungen und Hungersnöte führten zu einem Anwachsen der städtischen Unterschichten, zur Pauperisierung und zur Verschärfung der sozialen Konflikte. Aus dem Gefühl der Verunsicherung und Bedrohung wurden Sündenböcke gesucht und in den Randständigen (also überwiegend Frauen) gefunden. Das ganze Ausmaß der Intoleranz entlud sich schließlich in den Judenpogromen und Hexenverfolgungen der Frühen Neuzeit.[429]

### Beginen

An dieser Stelle soll nicht über Frauen gesprochen werden, die in die älteren Orden eingebunden waren, da sie nicht selbst zu ihrem Lebensunterhalt beitrugen, obgleich sich ihnen die Chance bot, relativ frei von männlicher Autorität neben Kontemplation auf schriftstellerischen, künstlerischen und wissenschaftlichen Gebieten (Abschreiben und Illumination von Büchern, Malerei und Bildhauerei) tätig zu werden und eine umfangreiche Bildung zu erwerben (neben Lesen, Schreiben, Latein und dem Bibelstudium auch die sieben freien Künste). Doch die älteren Orden verlangten meist eine ansehnliche Mitgift und adlige Herkunft. Auch die städtischen Konvente standen gewöhnlich nur dem Patriziat und wohlhabenden Bürgerinnen offen, da wiederum die Einbringung eines entsprechenden

---

[428] Vgl. Ketsch: Frauen, Bd. I, S. 312f.; Kroemer: Erwerbstätige, S. 91; Shahar: Mittelalter, S. 195, 197; Schukowski: Chancen, S. 35f.; Stein: Prostitution, S: 173; Uitz: Frau, S. 103.

[429] Vgl. Ketsch: Frauen, Bd. I, S. 313; Schukowski: Chancen, S. 33, 35; Just: Unterschicht, S. 62, 65; Stein: Am Rande, 162f., Meike Stehlgens: Fahrende Frauen. - In: Stadt der Frauen. Szenarien aus spätmittelalterlicher Geschichte und zeitgenössischer Kunst. Hg. v. Annette Kuhn und Marianne Pitzen. - Zürich/Dortmund: eFeF 1994, S. 164, 166; Stein: Prostitution, S. 173.

Besitzes Voraussetzung für die Aufnahme war.[430] Frauen, die diese Bedingungen nicht erfüllen konnten, bildeten eine im gesamten mitteleuropäischen Raum nachweisbare Bewegung, die, ohne sich einem Orden anzuschließen oder ein Gelübde abzulegen, ein geistliches, gottgeweihtes Leben nach selbst gesetzten Regeln führen wollte. Sie strebte nach einem Leben in der Nachfolge Christi in Gebet, Keuschheit, freiwilliger Armut und geistlicher Vollkommenheit, ohne einheitliche Normen und Hierarchien, Zielsetzungen oder einer gleichartigen Lebensgestaltung. Diese Frauen wurden seit der ersten Hälfte des 13. Jahrhunderts als Beginen bezeichnet. Sie rekrutierten sich aus Ledigen, Witwen und verheirateten Frauen, die sich von ihren Männern getrennt hatten. Zu Letzteren zählt u. a. Marie von Oignies, die ihr Vermögen an die Bedürftigen verteilte, auf andere wohlhabende Laien Einfluss nahm und zu einer hochgeachteten Persönlichkeit wurde.[431]

Lebten die Beginen anfänglich allein bzw. im Elternhaus, so schlossen sie sich später zu Kleinstgemeinschaften von zwei bis sechs Frauen sowie zu größeren Konventen zusammen. Beginenkonvente waren ursprünglich nicht als Versorgungsstätten gedacht (besonders nicht für arme, mittellose Frauen), sondern ab der Mitte des 14. Jahrhunderts für Frauen aller besitzenden Schichten. Voraussetzung für die Aufnahme bildete meist die Zahlung eines Eintrittsgeldes[432] sowie ein guter Ruf, jedoch nicht das Einbringen einer Mitgift. Diese wirtschaftliche Grundlage - die zudem aus Schenkungen und Stiftungen bestand - reichte jedoch zur Bestreitung ihres Lebensunterhaltes nicht aus, sodass Beginen im Gegensatz zu Nonnen in beträchtlichem Ausmaß körperlich arbeiten mussten. Neben karitativen und sozialen Tätigkeiten, wie Armen-, Alten- und Krankenpflege sowie Versorgung der Toten, betrieben sie Handel und übten eine Vielzahl von Handwerken aus, deren Erzeugnisse vermarktet wurden.

---

[430] Vgl. Ketsch: Frauen, Bd. II, S. 271-274, 345; Shahar: Mittelalter, S. 17, 22; Uitz: Frau, S. 163; Ennen: Stadt, S. 49.

[431] Vgl. Ketsch: Frauen, Bd. II, S. 271, 343-345; Shahar: Mittelalter, S. 65f.; Uitz: Frau, S. 177; Ennen: Stadt, S. 37; Wensky: Städtische Gesellschaft, S. 865; Uta C. Schmidt: Zwischen Alltagsrealität und heilsgeschichtlicher Bestimmung - Beginen. - In: Stadt der Frauen. Szenarien aus spätmittelalterlicher Geschichte und zeitgenössischer Kunst. Hg. v. Annette Kuhn und Marianne Pitzen. - Zürich/Dortmund: eFeF 1994, S. 121.

[432] Eine wichtige Einrichtung der spätmittelalterlichen Städte, die vielen alleinstehenden Frauen eine gesicherte Existenz ermöglichte, kann daher in den Beginenkonventen nur insofern gesehen werden, als das Überleben für Frauen in der Gemeinschaft einfacher gewesen sein mag als alleine. Vgl. Ketsch: Frauen, Bd. II, S. 344.

Sie betätigten sich v. a. im Textilhandwerk, in der Bierbrauerei, bei der Anfertigung von Buchkopien und bei der Leitung von Stadtschulen.[433]

Die rechtliche Voraussetzung für die Arbeit der Beginen war durch kirchliche Förderung, Unterstützung und Anerkennung v.a. zu Beginn des 13. Jahrhunderts gegeben; von Seiten der Stadtverwaltung genossen sie zwar Steuerfreiheit, blieben aber auch von den Privilegien der Stadtregierungen abhängig. Doch die kirchlichen Institutionen betrieben keine einheitliche Politik, und Beginen sparten in ihren Diskussionen zu theologischen Fragen nicht mit Kritik an der Amtskirche. Zudem zogen die Beginen, wie Rippmann/Simon-Muscheid meinen, mit ihrem „irregulären" Status zwischen Laienstand und Geistlichkeit ohne approbierte Regel Kritik und Tadel der Kirche auf sich und wurden zum Kristallisationspunkt von Vorurteilen. Besonderen Zorn erregten jene Beginen, die - oft gemeinsam mit den Bettelorden - durchs Land zogen. Man(n) beschuldigte sie bereits im 13. Jahrhundert der Bettelei, unerlaubter Predigt und häufig der Häresie.[434] So waren Beginen (und Begharden, das männliche Pedant) häufig Verfolgungen ausgesetzt, die u. a. durch Beschlüsse des Konzils von Vienne (1311) und Kaiser Karls IV. († 1378) legalisiert wurden. Um der Inquisition zu entgehen, nahmen Beginen daher ab dem 14. Jahrhundert häufig die dritte Regel der Bettelorden an, die für Laien bestimmt war.

Infolge ihrer wirtschaftlichen Aktivitäten (und v.a. aufgrund der Steuervorteile) gerieten die Beginen auch mit den ortsansässigen Zünften in Konkurrenz und Konflikt, sodass ihre handwerkliche Arbeit später deren Satzungen unterlag. Die Anfeindungen derselben trugen - gemeinsam mit jenen der katholischen sowie der evangelischen Kirche im 16. Jahrhundert - zum Untergang der Beginenbewegung bei.[435]

---

[433] Vgl. Ketsch: Frauen, Bd. II, S. 343, 345f.; Schmidt: Beginen, S. 120-122, 126; Shahar: Mittelalter, S. 65f.; Uitz: Frau, S. 177; Rippmann/Simon-Muscheid: Lebensformen, S. 73.

[434] Vgl. Ketsch: Frauen, Bd. II, S. 343f.; Schmidt: Beginen, S. 125; Shahar: Mittelalter, S. 66f.; Rippmann/Simon-Muscheid: Lebensformen, S. 72.

[435] Vgl. Ketsch: Frauen, Bd. II, S. 343f., 346; Schmidt: Beginen, S. 121, 124, 126; Shahar: Mittelalter, S: 66f.; Uitz: Frau, S. 179; Rippmann/Simon-Muscheid: Lebensformen, S. 72.

## Zusammenfassung

Christine de Pizan war die erste Frau des europäischen Mittelalters, die Bücher für und über Frauen verfasste. Sie benutzte ihre schriftstellerischen Fähigkeiten dazu, um gegen die Herabsetzung des weiblichen Geschlechts in der Literatur und in der Realität anzukämpfen. Zugleich stellte sie die Forderung nach einem anderen, einem weiblichen Blick auf. Wie notwendig dieses Postulat an der Schwelle zur frühen Neuzeit tatsächlich war, sollte die vorliegende Arbeit zum Ausdruck bringen. Denn im ausgehenden Mittelalter verschlechterten sich die Möglichkeiten der Selbstbestimmung für Frauen drastisch. Resümierend sollen daher die Entwicklungen nachgezeichnet werden, die sich von der Ausbildung der Städte bis zum Ende des Mittelalters für Stadtbewohnerinnen vollzogen.[436]

Während das männliche Bild über Frauen durchgehend mit überwiegend negativen Konnotationen verbunden war und auch innerhalb der Ehe die Vormundschaft des Mannes aufrechterhalten blieb, erfolgte durch die Stadtgründungen für Frauen (der besitzenden Schichten) zunächst eine Reihe positiver Veränderungen: Sie erhielten in der Regel zumindest eine grundlegende Ausbildung, besaßen eine Möglichkeit zum selbständigen Erwerb des Bürgerrechts, begrenzte Geschäftsfähigkeit und eine anerkannte Position im städtischen Wirtschaftsleben. Frauenarbeit war weder etwas Ungewöhnliches, noch ein spezielles Privileg. Frauen aller sozialen Schichten waren erwerbstätig, vielfach aus wirtschaftlicher Notwendigkeit. Das Besondere weiblicher Berufstätigkeit in mittelalterlichen Städten ist vielmehr in der Vielfalt der Handwerks- und Gewerbezweige zu sehen, in denen sie tätig waren. Denn Frauen betätigten sich auch in vielen nicht spezifisch weiblichen Handwerksbereichen - von einer geschlechtsspezifischen Arbeitsteilung können wir daher noch nicht sprechen.[437]

Erst auf dem Weg in die Neuzeit gingen weibliche Freiräume, die es einem Teil der Frauen ermöglicht hatten, relative Unabhängigkeit und Macht zu erreichen, verloren.

Einerseits wurde die Rechtsposition der städtischen Frauen mit der Verrechtlichung des städtischen Gemeinwesens eingeschränkt, andererseits veränderten

---

[436] Vgl. Uitz: Frau, S. 183; de Pizan: Buch, Vorwort; Kuhn: Suche, S. 14.

[437] Vgl. Uitz: Frau, S. 182; Shahar: Mittelalter, S. 165, 179, 201; Wensky: Städtische Gesellschaft, Sp. 865; Kroemer: Erwerbstätige, S. 73; Wensky: Stellung, S. 302.

sich die Bildungsmöglichkeiten zu Ungunsten der Frauen. Eine der Hauptursachen war die Monopolisierung des Wissens an den Universitäten.[438]

Außerdem verstärkte sich die Tendenz, die Betätigungsmöglichkeiten von Frauen generell zu reglementieren; mit dem Abschließen der Zünfte wurden sie jedoch v.a. aus dem Handwerk verdrängt und bis zum 17. Jahrhundert völlig ausgeschlossen. Für diese Ausgrenzung gibt es aber auch andere Gründe: Mit der Ausprägung von Berufen wurden bedeutende Produktionsbereiche aus der Ökonomie des Hauses ausgegliedert. Die Separierung von Betrieb und Haushalt fiel tendenziell mit einer geschlechtsspezifischen Arbeitsteilung zusammen, und schließlich wurden die Städterinnen durch die Standardisierung, Formalisierung und Professionalisierung der beruflichen Zulassung aus Erwerbszweigen verdrängt, die ihren Ursprung in traditionell weiblichen Tätigkeiten hatten und die nun zu männlichen Berufen wurden.[439] Der Vertrag zwischen der Bierbrauerin Fyegin von Broickhusen und der Stadt Köln dokumentiert die Phase, in der Frauen ihr Wissen zugunsten der Professionalisierung von Männern preisgeben mussten. Darin verpflichtet sie sich, die ihr zugewiesenen Männer in der Kunst des Bierbrauens zu unterrichten und keine ihrer Braumethoden zu verheimlichen:

> Ich, Goedart van Broickhusen und Fyegin, meine Ehefrau, tun allen Leuten kund: Also, daß ich, die vorgenannte Fyegin, mit Wissen, Zustimmung und Genehmigung meines vorgenannten Mannes mit den ehrsamen weisen Herren Bürgermeistern und dem Rat der Stadt Köln übereingekommen bin [...], daß ich zwei Männern treu und fleißig nach meinem besten Vermögen lehren soll, gute Grut zu machen. Diese beiden Männer sollen sie mir benennen. Darauf haben sie mir einen Mann mit Namen Hermann von Aiche, den Brauer up der Bach nahe Airsburch, benannt, den ich bereits zu lehren begonnen habe und den ich auch weiterhin lehren soll wie auch einen weiteren, den sie mir noch benennen werden, ohne etwas von meiner Kunst der vorgenannten Grut arglistig zu verbergen.[440]

Es fand also eine Verdrängung der Frauen aus den gewinn- und Ansehen bringenden Berufen statt, denn einerseits konnten sie sich im Bereich des prestige- und

---

[438] Vgl. Kuhn: Suche, S. 13; Schukowski: Chancen, S. 32; Bodarwé: Frauenbildung, S. 86; Münch: Stadtluft, S. 106; Kroemer: Erwerbstätige, S. 92.

[439] Vgl. Kroemer: Erwerbstätige, S. 79, 93; Ketsch: Frauen, Bd. I, S. 112, 117, 147; Mitterauer: Familie, S. 35; Uitz: Frau, S. 182; Katrinette Bodarwé u. Kerstin Schukowski: „Wenn ich je in diesen Gefäßen..." - Von Professionalität und Geschäftsmoral. - In: Stadt der Frauen. Szenarien aus spätmittelalterlicher Geschichte und zeitgenössischer Kunst. Hg. v. Annette Kuhn und Marianne Pitzen. - Zürich/Dortmund: eFeF 1994, S. 38; Bodarwé: Haus, S. 43; Just: Unterschicht, S. 65; Rippmann/Simon-Muscheid: Lebensformen, S. 66.

[440] Kuske, B. (Hg.): Quellen zur Geschichte des Kölner Handels und Verkehrs im Mittelalter. Bd. I, Nr. 652. - Bonn: 1923/34, S. 223f. Zit. n. Ketsch: Frauen, Bd. I, S. 162. Erika Uitz interpretiert diesen Vertrag hingegen als Verweis auf das Ansehen aufgrund der besonderen Qualität des erzeugten Bieres. Vgl. Uitz: Frau, S. 59.

ertragslosen Lokal- und Detailhandels in den größeren Städten halten, andererseits erfolgte der Ausschluss von allen akademischen Berufen, die nach und nach zu Ansehen und Einfluss gelangten. Letzteres hat sicherlich neben dem Ausschluss von politischen Ämtern mit dazu beigetragen, dass Frauen gegen die Verdrängung aus vielfältigen Berufsmöglichkeiten kaum Mittel der Gegenwehr hatten.[441]

Insgesamt wurde der Anteil der Frau am öffentlichen, wirtschaftlichen und kulturellen Leben zurückgedrängt und ihre Rolle weitgehend auf die der „Hausfrau und Mutter" beschränkt (zumindest was die Frauen der wohlhabenden Schichten betraf). Die Theorie von der Geschlechterkomplementarität, die auf der gegenseitigen Ergänzung der Geschlechter beruhte und die Frau in den häuslichen Bereich verbannte, trug dieser zwar eine gewisse Achtung innerhalb der Familie ein, schrieb jedoch die „natürliche Unterordnung" des weiblichen Geschlechts jahrhundertelang fest. Zugleich gewannen die „Argumente" der sittlichen Gefährdung durch Frauen und der weiblichen Minderbegabung, Schwäche und Leichtfertigkeit in den gesellschaftlichen Anschauungen wieder an Bedeutung.[442]

Bei den Unterschichten hingegen zeigt sich die überproportional hohe Betroffenheit von Frauen durch Armut und soziale Ausgrenzung. Zum Einen wuchs ihre Anzahl durch die Krisen des Spätmittelalters, die ausgelöst wurden durch die Verlagerung der wirtschaftlichen Vormachtstellung nach Westeuropa (v.a. nach der Entdeckung Amerikas), durch Geldwertverschlechterungen, Erhöhung der Lebensmittelpreise, Missernten, Hungersnöte und rapides Ansteigen der Bevölkerungszahl. Zum andern griff im Zuge der Verdichtung der Staatlichkeit die Obrigkeit in wesentliche Bereiche des Alltags - hauptsächlich in den der Frauen - ein. Vor allem für die Frauen am Rande der Gesellschaft entwickelte sich aus dem Ineinandergreifen dieser Sozialdisziplinierung und den Vorstellungen vom direkten Zusammenhang zwischen Krisen und göttlichem Zorn ein gefährlicher Sprengstoff, der sich in den Judenpogromen und Inquisitionen der Hexenverfolgungen entlud.[443]

---

[441] Vgl. Kroemer: Erwerbstätige, S. 87, 93; Kuhn: Suche, S. 16.

[442] Vgl. Kroemer: Erwerbstätige, S. 91, 93; Kuhn: Suche, S. 15; Bodarwé: Haus, S. 48.

[443] Vgl. Kuhn: Suche, S. 16; Schukowski: Chancen, S. 36; Bodarwé: Haus, S. 42.

## Literatur- und Quellenverzeichnis

Bodarwé, Katrinette: Das Haus in der städtischen Ökonomie. - In: *Stadt der Frauen. Szenarien aus spätmittelalterlicher Geschichte und zeitgenössischer Kunst.* Hg. v. Annette Kuhn und Marianne Pitzen. - Zürich/Dortmund: eFeF 1994, S. 42-49.

Dies.: „Papir, Dincken und Federn" - Frauenbildung im Spätmittelalter. - In: *Stadt der Frauen. Szenarien aus spätmittelalterlicher Geschichte und zeitgenössischer Kunst.* Hg. v. Annette Kuhn und Marianne Pitzen. - Zürich/Dortmund: eFeF 1994, S. 83-86.

Dies. u. Kerstin Schukowski: „Wenn ich je in diesen Gefäßen..." - Von Professionalität und Geschäftsmoral. - In: *Stadt der Frauen. Szenarien aus spätmittelalterlicher Geschichte und zeitgenössischer Kunst.* Hg. v. Annette Kuhn und Marianne Pitzen. - Zürich/Dortmund: eFeF 1994, S. 38f.

Bußmann, Magdalena: Die Frau - Gehilfin des Mannes oder eine Zufallserscheinung der Natur? - In: *Auf der Suche nach der Frau im Mittelalter. Fragen, Quellen, Antworten.* Hg. v. Bea Lundt. - München: Fink 1991, S. 117-134.

Ennen, Edith: Die Frau in der mittelalterlichen Stadt. - In: *Mensch und Umwelt im Mittelalter.* Hg. v. Bernd Herrmann. - Frankfurt/Main: Fischer 1989, S. 35-52.

Gössmann, Elisabeth: Frau. Theologisch-philosophisch. - In: *Lexikon des Mittelalters.* Bd. IV. Hg. v. Robert-Henri Bautier u. Robert Auty. - München/Zürich: Artemis 1989. Sp. 852f.

Just, Ulrike: „de manu in dentem" - Von der Hand in den Mund. Frauen in der Unterschicht. - In: *Stadt der Frauen. Szenarien aus spätmittelalterlicher Geschichte und zeitgenössischer Kunst.* Hg. v. Annette Kuhn und Marianne Pitzen. - Zürich/Dortmund: eFeF 1994, S. 57-65.

Ketsch, Peter: Frauen im Mittelalter. Quellen und Materialien. Bd. I. *Frauenarbeit im Mittelalter.* - Düsseldorf: Schwann-Bagel 1983. (= Geschichtsdidaktik: Studien, Materialien. Bd. 14)

Ders.: *Frauen im Mittelalter. Quellen und Materialien.* Bd. II. Frauenbild und Frauenrechte in Kirche und Gesellschaft. - Düsseldorf: Schwann-Bagel 1984. (= Geschichtsdidaktik: Studien, Materialien. Bd. 19)

Köbler, Gerhard: Das Familienrecht in der spätmittelalterlichen Stadt. - In: *Haus und Familie in der spätmittelalterlichen Stadt.* Hg. v. Alfred Haverkamp. - Köln/Wien: Böhlau 1984, S. 136-160. (= Städteforschung. Bd. 18)

Kothe, Christina u. Doris Marquardt: Frauen in städtischen Ämtern. - In: *Stadt der Frauen. Szenarien aus spätmittelalterlicher Geschichte und zeitgenössischer Kunst.* Hg. v. Annette Kuhn und Marianne Pitzen. - Zürich/Dortmund: eFeF 1994, S. 113-118.

Kroemer, Barbara: Von Kauffrauen, Beamtinnen, Ärztinnen. Erwerbstätige Frauen in deutschen mittelalterlichen Städten. - In: *Frauen in der Geschichte.* Bd. II. Hg. v. Annette Kuhn u. Jörg Rüsen. - Düsseldorf: Schwann 1982, S. 73-96. (= Geschichtsdidaktik: Studien, Materialien. Bd. 8)

Kuhn, Annette: Die Suche nach den vergessenen Steinen der Stadtmauer. - In: *Stadt der Frauen. Szenarien aus spätmittelalterlicher Geschichte und zeitgenössischer Kunst.* Hg. v. Annette Kuhn und Marianne Pitzen. - Zürich/Dortmund: eFeF 1994, S. 12-19.

Lundt, Beatrix: Rezension über Regine Pernouds Monographie Christine de Pizan. Das Leben einer außergewöhnlichen Frau und Schriftstellerin im Mittelalter. - In: *Das historisch-politische Buch* 39 (1991), S. 6.

Dies.: Einleitung. - In: *Auf der Suche nach der Frau im Mittelalter. Fragen, Quellen, Antworten.* Hg. v. Bea Lundt. - München: Fink 1991, S. 7-22.

Mitterauer, Michael: Familie und Arbeitsorganisation in städtischen Gesellschaften des späten Mittelalters und der frühen Neuzeit. - In: *Haus und Familie in der spätmittelalterlichen Stadt.* Hg. v. Alfred Haverkamp. - Köln/Wien: Böhlau 1984, S. 1-36 (= Städteforschung. Bd. 18)

Münch, Ursula: „Stadtluft macht frei" ? - In: *Stadt der Frauen. Szenarien aus spätmittelalterlicher Geschichte und zeitgenössischer Kunst.* Hg. v. Annette Kuhn und Marianne Pitzen. - Zürich/Dortmund: eFeF 1994, S. 102-106.

Dies.: Frauenarbeit im Hospital. - In: *Stadt der Frauen. Szenarien aus spätmittelalterlicher Geschichte und zeitgenössischer Kunst.* Hg. v. Annette Kuhn und Marianne Pitzen. - Zürich/Dortmund: eFeF 1994, S. 118f.

Opitz, Claudia: Emanzipiert oder marginalisiert? Witwen in der Gesellschaft des späten Mittelalters. - In: *Auf der Suche nach der Frau im Mittelalter. Fragen, Quellen, Antworten.* Hg. v. Bea Lundt. - München: Fink 1991, S. 25-48.

Pernoud, Regine: *Christine de Pizan. Das Leben einer außergewöhnlichen Frau und Schriftstellerin im Mittelalter.* A. d. Franz. v. Sybille A. Rott-Illfeld. - München: dtv 1990.

Peters, Cordula: Christine de Pizan. Le Livre de la Cité des Dames. - In: *Stadt der Frauen. Szenarien aus spätmittelalterlicher Geschichte und zeitgenössischer Kunst.* Hg. v. Annette Kuhn und Marianne Pitzen. - Zürich/Dortmund: efeF 1994, S. 24-28.

Pitzen, Marianne: Korrespondenzen zwischen Kunst und Historie - Die Utopie. - In: *Stadt der Frauen. Szenarien aus spätmittelalterlicher Geschichte und zeitgenössischer Kunst.* Hg. v. Annette Kuhn und Marianne Pitzen. - Zürich/Dortmund: efeF 1994, S. 8-12.

de Pizan, Christine: *Das Buch von der Stadt der Frauen.* Aus d. Mittelfranz. übertr., mit e. Kommentar u. e. Einl. vers. v. Margarete Zimmermann (Titel d. Originalausgabe: Le Livre de la Cité des Dames, Paris 1405). - München: dtv 1990.

Puza, Richard: Frau. Kanonisches Recht. - In: *Lexikon des Mittelalters.* Bd. IV. Hg. v. Robert-Henri Bautier u. Robert Auty. - München/Zürich: Artemis 1989. Sp. 855f.

Rippmann, Dorothee u. Katharina Simon-Muscheid: Weibliche Lebensformen und Arbeitszusammenhänge im Spätmittelalter und in der frühen Neuzeit. Methoden, Ansätze und Postulate. - In: *Frauen und Öffentlichkeit. Beiträge der 6. Schweizerischen Historikerinnentagung.* Hg. v. Mireille Othenin-Girard, Anna Gossenreiter u. Sabine Trautweiler. - Zürich: Chronos 1991, S. 63-98.

Rösener, Werner: Frau. Die höfische Dame. - In: *Lexikon des Mittelalters.* Bd. IV. Hg. v. Robert-Henri Bautier u. Robert Auty. - München/Zürich: Artemis 1989. Sp. 863f.

Schmidt, Uta C.: Wage es, Frau. Leben und Werk Christine de Pizans. - In: *Stadt der Frauen. Szenarien aus spätmittelalterlicher Geschichte und zeitgenössischer Kunst.* Hg. v. Annette Kuhn und Marianne Pitzen. - Zürich/Dortmund: efeF 1994, S. 29-32.

Dies.: Zwischen Alltagsrealität und heilsgeschichtlicher Bestimmung - Beginen. - In: *Stadt der Frauen. Szenarien aus spätmittelalterlicher Geschichte und zeitgenössischer Kunst.* Hg. v. Annette Kuhn und Marianne Pitzen. - Zürich/Dortmund: efeF 1994, S. 120-127.

Schukowski, Kerstin: Mittelalterliche Stadtentwicklung - Chancen für Frauen? - In: *Stadt der Frauen. Szenarien aus spätmittelalterlicher Geschichte und zeitgenössischer Kunst.* Hg. v. Annette Kuhn und Marianne Pitzen. - Zürich/Dortmund: eFeF 1994, S. 32-36.

Dies.: „Mit Perlen unterschlagen..." - Seidmacherinnen in Köln. - In: *Stadt der Frauen. Szenarien aus spätmittelalterlicher Geschichte und zeitgenössischer Kunst.* Hg. v. Annette Kuhn und Marianne Pitzen. - Zürich/Dortmund: eFeF 1994, S. 144-149.

Schulze, Reiner: Frau. Germanisches und Deutsches Recht. - In: *Lexikon des Mittelalters.* Bd. IV. Hg. v. Robert-Henri Bautier u. Robert Auty. - München/Zürich: Artemis 1989. Sp. 857f.

Shahar, Shulamith: *Die Frau im Mittelalter.* Übers. v. Ruth Achlama. - Frankfurt/Main: Athenäum 1988 (= Athenäum TB. Bd. 115)

Stehlgens, Meike: Fahrende Frauen. - In: *Stadt der Frauen. Szenarien aus spätmittelalterlicher Geschichte und zeitgenössischer Kunst.* Hg. v. Annette Kuhn und Marianne Pitzen. - Zürich/Dortmund: eFeF 1994, S. 164-166.

Stein, Claudia: Am Rande der Gesellschaft. - In: *Stadt der Frauen. Szenarien aus spätmittelalterlicher Geschichte und zeitgenössischer Kunst.* Hg. v. Annette Kuhn und Marianne Pitzen. - Zürich/Dortmund: eFeF 1994, S. 162f.

Dies.: „Umb groben und meher sunden zu verhutten" - Städtische Prostitution. - In: *Stadt der Frauen. Szenarien aus spätmittelalterlicher Geschichte und zeitgenössischer Kunst.* Hg. v. Annette Kuhn und Marianne Pitzen. - Zürich/Dortmund: eFeF 1994, S. 169-173.

Uitz, Erika: *Die Frau in der mittelalterlichen Stadt.* - Stuttgart: Abend 1988.

Vossen, Karla: Wachs, Papier und feine Seife - Von Krämerinnen und Hökerinnen. - In: *Stadt der Frauen. Szenarien aus spätmittelalterlicher Geschichte und zeitgenössischer Kunst.* Hg. v. Annette Kuhn und Marianne Pitzen. - Zürich/Dortmund: eFeF 1994, S. 138-143.

Wensky, Margret: Frau. Die Frau in der städtischen Gesellschaft. - In: *Lexikon des Mittelalters.* Bd. IV. Hg. v. Robert-Henri Bautier u. Robert Auty. - München/Zürich: Artemis 1989. Sp. 864f.

Dies.: Die Stellung der Frau in Familie, Haushalt und Wirtschaftsbetrieb im spätmittelalterlich-frühneuzeitlichen Köln. - In: *Haus und Familie in der spätmittelalterlichen Stadt.* Hg. v. Alfred Haverkamp. - Köln/Wien: Böhlau 1984, S. 289-303. (= Städteforschung. Bd. 18)

**Dr. Elena Tresnak: Die Darstellung der Kriemhild-Figur im ‚Nibelungenlied': Entwicklungsprozess oder Rollenwechsel von der ‚höfischen Dame' zur ‚entmenschlichten Rächerin'?**

## Einleitung

### Thema und Aufbau der Arbeit

In unserem Hauptseminar „Die Nibelungen: Epos, Drama, Musikdrama" behandelten wir neben Friedrich Hebbels „Die Nibelungen" und Richard Wagners „Der Ring der Nibelungen" auch das um 1200 entstandene ‚Nibelungenlied'.

Nachdem wir zunächst einführend den Status des ‚Nibelungenliedes' um 1200 und im 19. Jahrhundert thematisiert hatten, beschäftigten wir uns neben der Untersuchung höfischer und archaischer Elemente u.a. auch mit den im Epos vorherrschenden Geschlechterrollen und Geschlechterbeziehungen. Bei meinen Überlegungen bezüglich eines Themas stand deshalb schnell fest, dass ich für meine Hausarbeit die Darstellung der Kriemhild im ‚Nibelungenlied' wählen würde.

Dabei fokussierte ich auf die Fragestellung, ob die Kriemhild-Figur im ersten Teil des ‚Nibelungenliedes' noch mit der entmenschlichten Rächerin am Ende des Epos identifizierbar ist, d.h. ob der Epiker einen glaubhaften Wandlungsprozess dargestellt oder die Protagonistin in zwei unterschiedlichen Rollen präsentiert hat.

Ich habe für diese Untersuchung verschiedene Gesichtspunkte ausgewählt, anhand derer sich die Kriemhild-Figur analysieren lässt, um anschließend die Frage nach einem Entwicklungsprozess, bzw. Rollenwechsel beantworten zu können.

Dafür habe ich meine Arbeit in drei Abschnitte untergliedert: Der erste und einleitende Teil verdeutlicht Thema, Aufbau und Fragestellung und führt einige einleitende Worte zum ‚Nibelungenlied' an, in denen ich mich kurz mit Jan Dirk Müllers Thesen zur Psychologisierung von Figuren in mittelhochdeutschen Heldenepen beschäftige. Abschnitt 2 stellt den Hauptteil dar, den ich zweifach untergliedert habe, wobei sich der erste Teil auf die Darstellung der Kriemhild-Figur im ersten Teil bezieht und der zweite Teil auf ihre Darstellung im zweiten Teil des Epos rekurriert.

Im ersten Teil befasse ich mich zunächst mit der höfischen Typisierung Kriemhilds und prüfe anschließend ihr Verhältnis zu höfischer Kultur und vorherrschendem Männerpatriarchat, wobei ich ferner auf die Konzeption weiblicher Genderaspekte in Bezug auf die Kriemhild-Figur eingehe. Darauffolgend betrachte ich zum Einen den Frauenstreit zwischen Kriemhild und Brünhild, der eine der Schlüsselszenen für die Beurteilung ihrer Figur darstellt und zum Anderen Kriemhilds *leit*, das aus dieser Auseinandersetzung heraus resultiert.

Der erste Abschnitt endet mit der Herausarbeitung der zentralen *triuwe*-Bindung zwischen Kriemhild und ihrem ersten Ehemann Siegfried.

Der zweite Teil ist ähnlich strukturiert: Auf die Darstellung von Kriemhilds gesellschaftlichen Status und ihrer Eingliederung in Etzels Hof, folgt ihr Verhältnis zu höfischer Kultur und vorherrschendem Männerpatriarchat. Des Weiteren behandele ich Rachemotiv und verräterische Einladung der Burgunden an Etzels Hof und erläutere danach Kriemhilds Maßnahmen, die zur Auslösung der Kämpfe führen. Abschließend beschäftige ich mich mit ihrer im Epos vorgenommenen Darstellung als Rächerin.

Abschnitt 3 stellt den Schluss meiner Hausarbeit dar, in dem ich die gewonnenen Erkenntnisse noch einmal rekapituliere und anschließend die in der Einleitung aufgeworfene Frage nach einem Entwicklungsprozess, bzw. Rollenwechsel der Kriemhild-Figur beantworte.

### Fragestellung

Ich habe als Leitfaden für meine Hausarbeit die Frage gewählt, ob die Kriemhild-Figur im ersten Teil des ‚Nibelungenliedes' mit der entmenschlichten

Rächerin am Ende des Epos identifizierbar ist, d.h. ob der Dichter einen glaubhaften Entwicklungsprozess seiner Protagonistin dargestellt oder sie rein funktional in zwei unterschiedlichen Rollen präsentiert hat.

### Einleitende Worte zum ‚Nibelungenlied'

Das um 1200 von einem unbekannten Dichter verfasste ‚Nibelungenlied' verbindet die Erzählung Kriemhilds und Siegfrieds und dessen Ermordung im ersten Teil des Epos mit dem Burgundenuntergang des zweiten Teils, wobei die Verbindung der beiden Teile durch den Racheimpetus Kriemhilds erfolgt.

Wie beschrieben werde ich in meiner Hausarbeit die Kriemhild-Figur und mit ihr den vom Epiker dargestellten Entwicklungsprozess behandeln.

Doch bevor ich mit meinen Untersuchungen beginne, möchte ich kurz auf die Frage eingehen, ob ein rein psychologischer Ansatz bei der Interpretation von Heldenepen überhaupt anwendbar und zulässig ist oder ob man automatisch das eigene bekannte Wertesystem zugrunde legt. Bei der Untersuchung des ‚Nibelungenliedes' fällt auf, dass dessen Handlungsverlauf nicht immer stringent ist und dass Agieren und Sprache der Protagonisten nicht immer stimmig sind und Widersprüche implizieren. Deshalb ist es sinnvoll sich zu vergegenwärtigen, dass eine lückenlose Interpretation aufgrund der verschiedenen „Schichten der Ethik im Nibelungenlied"[444] nicht möglich ist und dass vorhandene Antagonismen nicht Zeichen ästhetischen Misslingens des Epos sind, sondern vielmehr als Symbole für eine andere Sicht der Welt und eine andere Ästhetik gelten müssen.[445]

Es zeigt sich also, dass unser heute gültiges Wertesystem nicht auf mittelalterliche Literatur und besonders nicht auf Heldenepen angewendet werden darf, da erst im europäischen Mittelalter die Weichen für die Ausbildung uns bekannter Handlungs- und Verhaltensstereotypen gestellt wurden. Des Weiteren muss vor einer Charakterisierung der Protagonisten im Sinne einer „Common- sense- Psychologie"[446] gewarnt werden, da diese versucht, scheinbar Disparates zu vereinheitlichen und Widersprüchliches zu plausibilisieren. Bei der Untersuchung der Kriemhild-Figur versuche ich daher reines Psychologisieren sowie das Zugrundelegen des heute geltenden Wertesystems zu vermeiden und ihr Agieren im Kontext mittelalterlicher Typik und Ethik zu verstehen. Des Weiteren versuche ich zu beachten, dass der anthropologische Entwurf der Kriemhild-Figur nicht Ausdruck historischer Realität ist und dass ihr Verhalten und ihre Sprache nicht lückenlos und widerspruchsfrei interpretiert werden können und müssen.

---

[444] Nagel, Bert: Das Nibelungenlied, Stoff – Form- Ethos, Frankfurt a. M. 1970, S. 137 ff. zitiert nach Marianne Wahl Armstrong: Rolle und Charakter. Studien zur Menschendarstellung im Nibelungenlied. In: GAG 221, hrsg. von Müller, Hundsnurscher und Sommer, S. 3.

[445] Vgl. Jan Dirk Müller: Spielregeln für den Untergang: die Welt des Nibelungenliedes, Tübingen 1998, S. 2.

[446] Vgl. ebd., S. 2.

## Die Darstellung der Kriemhild-Figur im ‚Nibelungenlied': Kriemhild im ersten Teil

### Höfische Typisierung, Familienverbund und gesellschaftlicher Status

Bei der Präsentation der Protagonisten im ‚Nibelungenlied' wird als erstes auf Kriemhild als *vil edel magedîn* (Vgl. „NL 2") verwiesen, sie ist somit die erste Rollenfigur, welche dem Rezipienten im ‚Nibelungenlied' begegnet und schon die zweite Strophe thematisiert ihre Bedeutsamkeit für den weiteren Verlauf des Epos, denn *„dar umbe muosen degene vil verlíesén den lîp."* („NL 2") [447] Der Kriemhild Figur wird von Anfang an eine zentrale Position zugedacht, wodurch sich ihr Handlungsspielraum im gesamten Epos vergrößert. Dadurch ergibt sich Raum für ihre Individualisierung und die Entfaltung eines Entwicklungsprozesses vom ersten zum zweiten Teil.

Für eine Untersuchung ist zunächst die Darstellung der mittelalterlichen höfischen Lebenswelt mit ihren unterschiedlichen Kennzeichen erforderlich, welche wir in unserem Hauptseminar erarbeitet haben. Zu diesen Kennzeichen gehörte neben bestimmten äußeren Merkmalen wie Schönheit, Kleidung und körperlicher Stärke auch ein mächtiger Familienverbund sowie eine adlige Abstammung, durch die der gesellschaftliche Status gekennzeichnet war. Des Weiteren spielte das Befolgen eines festgelegten ritualisierten Verhaltenskodex eine wichtige Rolle. Dieser Kodex umfasste die höfische Erziehung ebenso wie die Einhaltung bestimmter höfischer Sitten und Normen (z.B. die höfischen Lebens- und Geselligkeitsformen oder das Befolgen der Leitbegriffe *triuwe, ere, minne*).

Betrachten wir nun die Figur der Kriemhild, so wird evident, dass die Figur den meisten der o.g. höfischen Kriterien entspricht: Die Burgundenprinzessin zeichnet sich vor allem durch hohen Adel, Schönheit und sittliche Qualitäten aus, was die „[...] Harmonie von äußerer Erscheinung und innerer Disposition [...]"[448] als idealtypische Stilisierung verdeutlicht.

---

[447] Sämtliche hier verwendeten Zitate aus dem ‚Nibelungenlied' entstammen folgender Ausgabe:
Das Nibelungenlied. Nach der Ausgabe von Karl Bartsch. Hrsg. von Helmut de Boor. 22., rev. und von Roswitha Wisniewski ergänzte Aufl. Mannheim 1988, Nachdruck: Wiesbaden: Albert, 1996 (Deutsche Klassiker des Mittelalters).

[448] Schulze, Ursula: Das Nibelungenlied. Reclam Stuttgart 2001, S. 143.

Auf die höfische Typisierung folgt ihre Einordnung in den Familienverbund des Wormser Hofes, wobei hier v.a. die Strophen 4, 5 und 7 hervorzuheben sind.

In der 4. Strophe führt der Dichter entsprechend ihrer altersbedingten Rangfolge die drei Könige Gunther, Gernot und Giselher ein. Das genderrelatierte Konstellationsgefüge zwischen den Geschwistern ist hierarchisch geordnet, Kriemhild ist als weibliche Figur den Brüdern rechtlich unterstellt, wobei diese (vornehmlich Gunther) nach dem Tod ihres Vaters Dankrat Vormundschaft über sie ausüben: „*diu frouwe was ir swester, die fürsten hetens in ir pflegen*" („NL 4"). Der Epiker charakterisiert sie dabei durch idealtypische Herrschereigenschaften wie z.b. edle Abstammung, Kampfkraft, Tapferkeit, Freigebigkeit und einen großen Hofstaat (Vgl. „NL 5").

Nachfolgend wird Kriemhilds Mutter Ute vorgestellt, die in der Familie sowohl rechtlich als auch in der erzählten Handlung hinter ihren Söhnen rangiert.[449]

Auf die Vorstellung der direkten Verwandten Kriemhilds folgt in den Strophen 9 bis 12 die Einführung der wichtigsten Personen des Wormser Hofstaates und die Nennung der Inhaber der 5 Hofämter. Aufgrund seiner Position als oberster Vasall wird Hagen von Tronje als erster eingeführt: *Daz was von Tronege Hagene.* („NL 9").

Die Aufzählung der verbleibenden Personen erfolgt ohne detaillierte ständische Zuordnung, sicher ist jedoch, dass sie als Mitglieder des Wormser Hofes dessen Macht und Stärke und zudem einen adäquaten ritterlichen Repräsentationsrahmen verkörpern.

Zusammenfassend ist zu sagen, dass Kriemhild dem idealtypischen Bild einer höfischen Dame entspricht, denn zum Einen ordnet sie sich dem Willen der Brüder unter und zum Anderen kennzeichnen sie ihre äußeren Merkmale, die adlige Abstammung sowie ihre Zugehörigkeit zum Familienverbund des Wormser Hofes als höfisch vollendetes Individuum.

Im nun folgenden Abschnitt thematisiere ich die Schilderung des Falkentraums, die den Beginn des epischen Handlungsverlaufes konstituiert und gleichzeitig einen ersten Blick auf Kriemhilds charakterliche Eigenschaften erlaubt.

---

[449] Vgl. Schulze, Das Nibelungenlied, S. 144.

### Falkentraum

Bevor ich den Falkentraum (Vgl. „NL 13") analysiere, ist es notwendig, zunächst die Strophen 2 und 4 näher zu betrachten, denn hier benutzt der Erzähler Hinweise, die auf einen Entwicklungsprozesses der Kriemhild-Figur deuten. Auffällig ist die von ihm vorgenommene Modifikation bei der Benennung Kriemhilds:

Während sie von ihm in Strophe 2,1 noch als *vil édel magedîn* bezeichnet wird, deutet er in Strophe 2,3 bereits erste Entwicklungsschritte zum *scoene wîp* an, die ihren vorläufigen Abschluss in der Bezeichnung *frouwe* („NL 4") finden.[450]

Kriemhild befindet sich in der Entwicklungszone zwischen Mädchen und Frau, wobei die Verben *wuohs* und *si wart* (Vgl. „NL 2, 1"; „NL 2,3") auf einen Lebensprozess verweisen und somit den biographischen Charakter der Darstellung akzentuieren.[451]

Mit der Erzählung von Kriemhilds Falkentraum in Strophe 13 beginnt der Handlungsbericht des Epos: Kriemhild träumt, wie zwei Adler einen von ihr abgerichteten Falken zerfleischen und dadurch ihr Glück zerstören.

Sie widerspricht der Traumdeutung ihrer Mutter (Vgl. „NL 14"), indem sie erwidert: „*âne recken mínne sô will ich immer sîn.*" („NL 15"). Auffällig ist hier v.a. ihr starker Wille und ihre Bereitschaft, eher der Liebe zu entsagen, als durch sie Leid zu erfahren. Sie fürchtet nicht die Liebe an sich, sondern ihren Verlust, da sie instinktiv ahnt, dass ihr nach dem Verlust der *minne* keine Existenzgrundlage bleibt[452] und „dass die Wegnahme künftiger Liebe nicht beliebiger Schmerz und Kummer, sondern, [...], totale Zerstörtheit sei, und [...] dass in ihr etwas adäquates Negatives aufbrechen werde, das letztes *leit*, d.i. Untergang, besagen müsste."[453] Gestützt wird diese These durch ihre Mutter Ute, die noch einmal die existenzbestimmende Kraft der Liebe betont:

---

[450] Vgl. Wahl Armstrong, Rolle und Charakter, S. 249.

[451] Vgl. ebd., S. 250.

[452] Vgl. Hoffmann, Werner: Das Nibelungenlied. Interpretationen zum Deutschunterricht. Hrsg. von Rupert Hirschenauer und Albrecht Weber, R. Oldenbourg Verlag München, 1969, S. 51.

[453] Weber, Gottfried: Das Nibelungenlied. Problem und Idee. J.B. Metzlerische Verlagsbuchhandlung und Carl Ernst Poeschel Verlag GmbH, Stuttgart 1963, S. 6.

„soltu ímmer herzenlîche zer werlde werden vrô, daz gescíht von mannes minne. [...]" („NL 16").

Kriemhilds „Anspruch uneingeschränkter Selbstgestaltung ihres eigenen Schicksals"[454] manifestiert sich auch in den folgenden Strophen, in denen sie erneut betont, Liebe und Leid zu vermeiden: *„ [...] ich sol si mîden beide, [...]."* („NL 17") und an diesem Vorsatz (zunächst) auch festhält (Vgl. „NL 18").

Die Falkentraum-Episode und besonders das Gespräch mit ihrer Mutter offenbaren ihren Willen zur Selbstbehauptung und die Leidenschaft, mit der sie ihre Ziele verfolgt, zeugen jedoch gleichzeitig von einer gewissen Naivität, denn als Zugehörige der Adelsgesellschaft müsste sie wissen, dass ihr Plan, als Frau in der nibelungischen Gesellschaft unverheiratet zu bleiben, dauerhaft nicht durchführbar ist.

### Verhältnis zu höfischer Kultur und vorherrschendem Männerpatriarchat

Wie ich schon beschrieben habe, basiert die höfische Kultur im ‚Nibelungenlied' auf unterschiedlichsten Komponenten. Neben dem Befolgen bestimmter Leitworte wie *triuwe, êre* und *minne* ist das Feiern von Festen eine bedeutsame Eigenschaft.

Das ‚Nibelungenlied' ist durch insgesamt sieben Feste strukturiert, (vier vor und drei nach Siegfrieds Tod) wobei für mich hier nur die drei Feste relevant sind, die vor Siegfrieds Tod stattfinden und bei denen Kriemhild persönlich anwesend ist (5., 10. und 13.Aventiure). Kriemhilds Verhalten auf diesen Festen soll aufzeigen, welche Stellung sie hinsichtlich bestehender höfischer Werte und ritualisierter gesellschaftlicher Normen einnimmt.

Die 5. Aventiure beschreibt die Siegesfeier der Burgunden über die Sachsen. Die Teilnahme der Burgundenprinzessin am Fest ist mit der ersten Begegnung zwischen ihr und Siegfried verknüpft.

Gunther entscheidet, dass Kriemhild, ihre Mutter und deren Begleiterinnen am Fest teilnehmen sollen: *„er 'nbôt ez frouwen Uoten und ir tôhter wol getân, daz si mit ir mägeden hin ze hove solden gân."* („NL 275"). Seine Schwester kommt seinem Anliegen nicht nur bereitwillig nach, sie befolgt auch die in Strophe 289

---

[454] Wahl Armstrong, Rolle und Charakter, S. 252.

artikulierte Aufforderung, Siegfried zu begrüßen, obwohl sie *nie gegruozte recken* („NL 289").

Ihre Teilnahme an der Siegesfeier, die spezielle Begrüßungszeremonie zwischen ihr und Siegfried (Vgl. „NL 292 f."; „NL 297"; „NL 305") und die sich heimlich entwickelnde Liebesbeziehung bestätigen, dass sie als Bestandteil des Wormser Hofes dessen Regeln und Gesetze akzeptiert und sich (noch) an vorgeschriebene Verhaltensmuster hält.

Aventiure 10 stellt Brünhilds Ankunft in Worms und die sich anschließende Begrüßungs- und Hochzeitsfeier zwischen Kriemhild und Siegfried sowie Brünhild und Gunther dar. Im Rahmen dieses Festes kommen erneut die Formen höfischer Repräsentation zur Geltung, so beispielsweise bei Brünhilds Begrüßung durch Kriemhild (Vgl. „NL 587 f.") oder bei der Eheschließung zwischen Siegfried und Kriemhild (Vgl. „NL 614 ff..").

Nachdem Siegfried den Burgundenkönig an den ihm versprochenen Lohn erinnert, wendet sich dieser an seine Schwester und bittet sie um ihre formelle Einwilligung, wobei er an ihre *triuwe* und *tugende* appelliert:

„[...] ich swour dich einem recken, unt wirdet der dîn man, sô hâstu mînen willen mit grôzen tríuwén getân." ( „NL 612").

Kriemhild fügt sich dieser Aufforderung widerstandslos: *„[...] jâ wil ich immer sîn, swie ir mir gebietet, daz sol sîn getân.[...]"* („NL 613")

Vers 4 selbiger Strophe verstärkt diesen Eindruck noch, denn indem Kriemhild entgegnet: *"[...] ich will in loben gerne, den ir mir, herre, gebet ze man."* („NL 613") und Gunther als *herre* bezeichnet, verdeutlicht sie, dass sie ihre Brüder und somit auch die vorherrschende Geschlechterordnung anerkennt.

Dies bestätigt auch die bereits erwähnte Konsenserklärung beider Partner bei der Eheschließung. Die dem *ordo* entsprechende Subordination der weiblichen Figur unter die männlichen Protagonisten wird bis zur Eheschließung nicht in Frage gestellt, denn Kriemhild fügt sich vollständig in die Rolle des Minneobjekts und ordnet sich widerspruchslos unter die Vormundschaft der Brüder.[455]

Nach der Eheschließung mit dem Xantener Königssohn ändert sich nicht Kriemhilds Status sowie ihre Bindung an einen anderen Vormund, sondern sie

---

[455] Vgl. Jönsson, Maren: „Ob ich ein ritter waere". Genderentwürfe und genderrelatierte Erzählstrategien im Nibelungenlied. Acta Universitatis Upsaliensis, Uppsala 2001 ( Studia Germanistica Upsaliensia 40), S. 83.

erscheint auch erstmalig in ihrer Rolle als Königin, die Interesse an Macht und Besitz artikuliert: „[...] mir suln ê mîne brüeder teilen mit diu lant." („NL 691") Siegfried reagiert, indem er – für Kriemhild sprechend – ihre Forderung nach Land und Besitz ablehnt (Vgl. „NL 694, 4 f.").

Sein absoluter Herrschaftsanspruch und seine autoritäre Einstellung implizieren die Unterordnung der Frau unter den Mann. Doch Kriemhild agiert hier als fordernde Königin und formuliert ihren Anspruch dezidiert machtpolitisch, indem sie darauf hinweist, dass jeder König den Wunsch haben müsse, Gefolgsleute in sein Land zu führen (Vgl. „NL 696").[456]

Die Forderung der Königin nach Gefolgsleuten offenbart ihr machtpolitisches Bewusstsein, ist jedoch durchaus legitim. Allerdings läuft Kriemhilds Verhalten an dieser Stelle erstmalig dem allgemein geltendem Weiblichkeitskonzept und der gängigen Genderrelation zwischen Mann und Frau zuwider, da sie sich unaufgefordert in das Gespräch der Männer einmischt und ihrem Ehemann widerspricht.

Die Ignoranz Siegfrieds hinsichtlich ihrer Bedürfnisse und Ansprüche verdeutlicht gleichzeitig jedoch die Machtlosigkeit weiblicher Figuren gegenüber der Verfügungsgewalt männlicher Protagonisten.[457]

Letztlich ist es dann auch Kriemhild, welche nachgibt und einen Kompromiss eingeht, was erneut auf ihre Akzeptanz des in der nibelungischen Gesellschaft vorherrschenden Männerpatriarchats verweist.

Zehn Jahre nach der Eheschließung reisen Siegfried und Kriemhild in das Land der Burgunden. Das Fest für die beiden Gäste findet zunächst nach den Regeln höfischer Tradition statt und alle Beteiligten präsentieren vorbildliches höfisches Verhalten:

„Sîfrit wart enpfangen, als im daz wol gezam, [...] des half mit grôzen zühten Gîselher unt Gêrnôt." („NL 791")

Die friedliche Atmosphäre hält bis zum elften Tag, eine Vorausdeutung des Erzählers deutet den bevorstehenden Umbruch an und leitet Aventiure 14 ein, die

---

[456] Vgl. ebd., S. 86.

[457] Vgl. Jönsson: „Ob ich ein ritter waere", S. 88.

den Frauenstreit behandelt und schon in Aventiure 1 als „das entscheidende Anlassereignis der Nibelungenkatastrophe"[458] angedeutet worden ist: *„si stúrben sît jaemerlîche von zweier edelen frouwen nît."* („NL 6").

## Frauenstreit

Da ich den Frauenstreit als ausschlaggebend für die ersten Dissonanzen in Kriemhilds Verhalten beschrieben habe, fällt dessen Darstellung relativ ausführlich aus.

Die Auseinandersetzung resultiert aus einer Situation des friedlichen Miteinanders beider Königinnen. Die erste Äußerung stammt von Kriemhild: *„ich hân einen man, daz elliu disiu rîche ze sînen handen solden stân."* („NL 815"). [459]

Kriemhild gibt als Siegfrieds Gattin begeistert und freimütig ihrer Bewunderung Ausdruck, ihre Aussage steht dabei im Einklang mit den bisher schon erkennbar gewordenen Zügen ihres Charakters, denn „als die über alle Maßen Liebende

---

[458] Wahl Armstrong, Rolle und Charakter, S.270.

[459] Über die Frage, wie diese Bemerkung Kriemhilds zu interpretieren sei, gibt es in der Forschung keinen Konsens. Die Germanisten unterscheiden sich darin, dass die eine Seite Kriemhild als überstolze Frau sieht, die Brünhild absichtlich provoziert, während die andere Seite ihre Äußerung als spontanen Ausdruck ihrer Bewunderung des Gatten wertet.

Als Provokation lesen die Stelle beispielsweise Gottfried Weber, der bei Kriemhild von hybrid übersteigertem Selbstgefühl spricht oder Jens Haustein, der Kriemhilds Aussage nicht als literarisch- unernst-unverbindlich ansieht, sondern vielmehr als einen gegen die politische Realität gewendeten Anspruch auf Herrschaft.

Im Sinne einer unbedachten Äußerung wird diese Stelle z.B. von Karl Bischoff gelesen, der in seiner ausführlichen Untersuchung der 14. Aventiure Brünhild für den öffentlichen Streit über den Rang der beiden Gatten verantwortlich macht und Kriemhilds Worte für unüberlegt hält. Des weiteren von Jan Dirk Müller, welcher Kriemhilds Lob an Siegfried im Rahmen des ritterlichen Turniers lediglich als hyperbolische Bemerkung ohne Herrschaftsanspruch interpretiert.

**Weber, Gottfried:** Das Nibelungenlied, Problem und Idee, Stuttgart 1963, S. 7.

**Haustein, Jens:** Siegfrieds Schuld. In: ZfdA 122 (1993), S.383.

**Bischoff, Karl:** „Die 14. Aventiure des Nibelungenliedes. Zur Frage des Dichters und der dichterischen Gestaltung." In: Akademie der Wissenschaften und der Literatur, Abhandlungen der Geistes- und Sozialwissenschaftlichen Klasse, Jg. 1970, S. 5f..

**Müller, Jan Dirk:** Das Nibelungenlied. In: Interpretationen. Mittelhochdeutsche Romane und Heldenepen. Hrsg. Von Horst Brunner. Reclam Stuttgart 1993, S. 159.

spricht sie ihre enthusiastische Bewunderung Siegfrieds aus und verletzt dadurch unabsichtlich Brünhilds Königinnenstolz."[460]

Das Problem dieser Äußerung liegt darin, dass sie von Brünhild als Provokation verstanden wird. Sie stellt auch sofort eine Relation zu Gunther her und leitet damit die Wendung zu einer Rangstreitfolge ein:

> „[...] ob ander niemen lebte wan sîn unde dîn, sô möhten im diu rîche wol wesen undertân. die wîle lebt Gunther, sô kundez nímmér ergân." („NL 816")

Doch auch Kriemhilds zweites Lob ihres Gatten bleibt harmlos, sie beschreibt, dass Siegfried so *„[...] hêrlîche [...] vor den recken gât, alsam der liehte mâne vor den sternen tuot?[...]."* („NL 817"). Auf Brünhilds Erwiderung, Gunther gebühre der Vorrang *vor allen künegen* („NL 818"), schwächt Kriemhild ihre Aussage ab, indem sie Siegfried als *Gunthers genoz* („NL 819") bezeichnet.

Die Strophen 819 und 821 verdeutlichen, dass Brünhild diejenige ist, welche den Streit vorantreibt. Wäre es Kriemhild um eine Provokation Brünhilds gegangen, hätte sie (wider ihr besseres Wissen) das Zugeständnis der Gleichrangigkeit nicht machen müssen.[461]

Doch selbst auf dieses Zugeständnis reagiert Brünhild noch provoziert und referiert nun die Standeslüge in der von ihr ergänzten Interpretation:

> „[...] dô jach des selbe Sîfrit, er waere ´sküneges man. Des hân ich in für eigen, sît ich's in hôrte jehen." („NL 821")

Das Stichwort *eigen* (unfrei) ist in diesem Zusammenhang auf Siegfried bezogen, betrifft jedoch Kriemhild als dessen Gattin gleichermaßen und obwohl sie die Ungeheuerlichkeit dieses Wortes begreift, bleibt sie (zunächst) ruhig.

Ihr Bestreben, einen Streit zu vermeiden, zeigt sich in Strophe 822, als sie Brünhild *vil friuntlîche* („NL 822, 3") bittet, ihre Rede *mit güetlîchen siten* („NL 822, 4") zu unterlassen. Brünhild geht jedoch noch einen Schritt weiter und fordert die dienstliche Untergebenheit Siegfrieds und seiner Ritter (Vgl. „NL 823"), was Kriemhild zornig werden lässt („*Kriemhilt diu vil schoene vil sêre zürnén began*" „NL 823"), denn als die liebende Gattin Siegfrieds kann sie dessen Erniedrigung zum *eigen man* Gunthers und auch die damit verbundene Schwächung ihrer eigenen Position nicht hinnehmen.

---

[460] Wahl Armstrong, Rolle und Charakter, S. 271f.

[461] Vgl. Wahl Armstrong, Rolle und Charakter, S. 273.

Es ist hier –wie schon bei ihren ersten Lobesworten in Strophe 815- die leidenschaftliche Liebe zu Siegfried, die sie alle höfische *mâze* vergessen lässt, so dass ihre Entgegnung entsprechend scharf ausfällt.[462]

Beide Frauen glauben im Recht zu sein und in der sich anschließenden Rede und Gegenrede spitzen sich ihre Argumente immer weiter zu, bis die Situation eskaliert (Vgl. 828 f."). Der Bruch zwischen den Königinnen ist vollzogen, aus dem Vergleich der Männer ist der Rangstreit der Frauen geworden.

Vor dem Münster treffen die beiden Königinnen erneut aufeinander, wo die Konfrontation zwischen ihnen sofort wieder entfacht: Durch Brünhilds öffentlichen Vorwurf der Unfreiheit: *„jâ sol vor küniges wîbe nimmer eigen diu gegân."* („NL 838") ist die Eskalation unvermeidbar geworden, denn Kriemhild ist durch diese Demütigung so erbittert, dass sie die Beherrschung verliert und nicht mehr nach höfischer *mâze* handeln kann und will. Sie übertrumpft Brünhild, indem sie sie als *mannes kebse* („NL 839") bezeichnet und zudem behauptet, Siegfried habe Brünhild als Erster „besessen": *„den dînen schoenen lîp den minnet' êrste Sîfrit, der mîn vil lieber man.[...]."* („NL 840")

Diese öffentliche Beleidigung hat eine Zäsur in Kriemhilds Verhalten Brünhild gegenüber eingeleitet: War sie vorher noch bemüht, aus der Unstimmigkeit über den Rang der Ehegatten keinen Streit entstehen zu lassen (Vgl. „NL 819"; „NL 822"; „NL 824"), so argumentiert sie jetzt in erbarmungsloser Härte, ohne Gnade zu zeigen: *„[...] ich hoere dich", sprach Kriemhilt, „ân' alle schulde klagen."* („NL 841").

Und auch als Brünhild ihre Schwägerin nach dem Gottesdienst nach Beweisen für den Vorwurf der *kebse* („NL 839") fragt, zeigt Kriemhild Härte. Um Brünhild zu verletzen, behauptet sie – ohne genaueres zu wissen – dass Ring und Gürtel, die sie bei sich trägt, Beweisstücke für ihre Behauptung seien, was zwar nicht dem erzählten Handlungsverlauf entspricht, aber von Kriemhild durch eigene Interpretation ergänzt wurde: *„[...] ich erziugez mit dem golde, daz ich ân der hende hân. [...]."* („NL 847"); *"[...] ich erziugez mit dem gürtel, den ich hie umbe hân. [...]."* („NL 849").

Jene Heftigkeit und Härte lassen erkennen, dass die unerbittliche Rächerin des zweiten Teils schon vorher in Kriemhild angelegt war. Tödliche Beleidigung kann

---

[462] Vgl. ebd., S. 274.

sie nicht hinnehmen und jene Beleidigung wird deshalb auch einen tödlichen Gegenschlag hervorrufen.[463] Brünhild kann auf diese Beweisstücke nicht mehr reagieren und beginnt zu weinen.

Damit geht Kriemhild aus diesem Streit zwar siegreich hervor, doch auf weitere Sicht zeigt sich, dass ihr Sieg in keinem Verhältnis zu dessen Konsequenzen steht, was ich im folgenden Punkt aufzeigen werde.

### Kriemhilds *leit*

Kriemhilds Leid beginnt nicht erst mit Siegfrieds Ermordung, sondern bereits nach ihrem Gespräch mit Hagen (Vgl. Aventiure 15), denn die Preisgabe des Geheimnisses über die Verwundbarkeit Siegfrieds (Vgl. „NL 901") und ihre Angst, dem Gatten den Fehler einzugestehen (Vgl. „NL 922"), ermöglichen den Mord erst und machen Kriemhild zur passiven Mittäterin.

Ihr uneingeschränktes Vertrauen im Hinblick auf Hagens Loyalität verdeutlicht ihre tiefe Verwurzelung zu bestehenden höfischen Werten und Normen.

Kriemhild weiß, dass Hagen den Königen und somit auch ihr und ihrem Ehemann zu Treue verpflichtet ist, in Strophe 898 betont sie noch einmal Hagens verwandtschaftlichen Status und somit die zwischen ihnen bestehende Sippenbildung: *„ dû bist mîn mâc, sô bin ich der dîn.[...]."* Kriemhild projiziert damit ihr eigenes Treueverständnis auf das Hagens, was Siegfried zum Verhängnis wird.

Sein Tod in Aventiure 17 lässt sie in lautes Klagegeschrei ausbrechen: *„dô begonde Kriemhilt vil harte unmaezlîche klagen."* („NL 1007") Ohnmacht, kreatürlicher Aufschrei (Vgl. „NL 1009") und schließlich das Bluten aus dem Mund (Vgl. „NL 1010") sind Zeichen einer in ihrem Lebenskern zutiefst getroffenen Frau.[464]

Noch bevor Kriemhild den Toten gesehen hat, durchschaut sie das Mordkomplott. Dies bezeugen ihre Worte in Strophe 1010: *„[...] ez hât gerâten Prünhilt, daz ez hât Hagene getân."*

Mit ihrem Schmerz vereinigen sich erste Rachegedanken: *„[...] wesse ich, wer iz het getân, ich riet' im immer sînen tôt."* („NL 1012"). Ihre Liebe zu Siegfried hat

---

[463] Vgl. Wahl Armstrong, Rolle und Charakter, S. 274.

[464] Vgl. Wahl Armstrong, Rolle und Charakter, S. 280.

sich in Leid gewandelt und dieses Leid drückt sich nun in ersten Racheüberlegungen aus.

Ähnliches finden wir in Strophe 1024, die auf Kriemhilds eventuelle Verhärtung als Rächerin vorausdeutet:

> „Hey sold ich den bekennen", [...] „hólt wúrde im nimmer mîn herze unt ouch mîn lîp. ich geriete im alsô leide, daz die friunde sîn von den mînen schulden müesen wéinénde sîn." [465]

Hier wird der erste Grundstein für Kriemhilds späteres Handeln, bzw. für ihren Entwicklungsprozess von der liebenden Gattin zur rächenden Witwe gelegt.

Trotz ihres großen Leids und dem Wunsch nach Rache lehnt Kriemhild König Siegmunds Angebot gegen die Burgunden zu kämpfen ab, denn sie ist sich der Aussichtslosigkeit der Kampfsituation bewusst (Vgl. „NL 1030" und „NL 1032").

Dass sie ungeachtet ihres Kummers in der Lage ist, die Gesamtsituation abzuwägen und rationale Entscheidungen zu treffen, ist ein weiteres Indiz für ihren Entwicklungsweg zur kalkulierten Rächerin. Im Unterschied zu ihren teilweise unüberlegten und impulsiven Äußerungen im Frauenstreit handelt Kriemhild als Rächerin anfangs eher überlegt und pragmatisch planend.

Bei den sich anschließenden Trauerfeierlichkeiten erhält Kriemhild letzte Gewissheit über Hagen als Täter, ihre Rachegedanken verstärken sich noch durch Gunthers Verhalten, der ihr als Beteiligter am Mordkomplott heuchlerisch sein Beileid ausspricht (Vgl. „NL 1041, 1-3") und leugnet, dass Siegfried durch Hagen getötet wurde: *"ich wilz iuch wizzen lân: in slugen schâchaere, Hagen hât es niht getân."* („NL 1045").[466]

Die Trauerzeremonie betont außerdem Kriemhilds tiefes Leid, ihre Treue zu Siegfried über den Tod hinaus sowie die Heftigkeit ihrer Leidenschaft (Vgl. „NL 1070").

Aventiure 19 ist vor allem durch die 13-jährige Witwenzeit Kriemhilds gekennzeichnet.

---

[465] Vgl. ebd., S. 281.

[466] Vgl. Wahl Armstrong, Rolle und Charakter, S. 281 f.

Auffällig ist, dass sich Kriemhild von ihren Mitmenschen abgrenzt und nicht mehr am höfischen Leben teilnimmt. Die Folge dieser Abgeschiedenheit ist die totale Hingabe in ihr Leid.[467]

Kriemhild kann und will das Geschehene innerlich nicht aufarbeiten und überwinden, denn aus ihrer maßlosen Liebe zu Siegfried ist maßloses Leid geworden. Aus ihrer absolut gesetzten Liebesbindung an Siegfried folgt, dass ein Leben ohne ihn jeglichen Sinn verloren hat, so dass „sie selbst [...] einzig aus der Konservierung ihrer Leiderfahrung, [...]"[468] lebt.

Die Wiederversöhnung mit ihren Brüdern und das Herbeibringen des Hortes an den Wormser Hof wird nach dreieinhalb Jahren von Hagen initiiert. Dieser bleibt von der *suone* ausdrücklich ausgeschlossen und die Art und Weise, wie Kriemhild ihn ausschließt, verweist auf ihre Unversöhnlichkeit und Unerbittlichkeit ihm gegenüber (Vgl. „NL 1115").

Kriemhilds Schuldeingeständnis und die damit verbundenen Selbstvorwürfe in Strophe 1112 (*"[...] Daz ich niht vermeldet hete sînen lîp! [...]."*) verdeutlichen den Bruch zwischen ihr und dem burgundischen Vasallen und „verschärfen zugleich ihr Verlangen nach Rache an Hagen."[469]

Das Beschaffen des Hortes (Vgl. „NL 1116 bis 1125") erfordert die nähere Untersuchung dieses Themenkomplexes, da das Hortmotiv in der künftigen Auseinandersetzung zwischen Kriemhild und Hagen eine erhebliche Rolle spielen wird. In der Forschung gibt es kontroverse Meinungen darüber, ob Kriemhild den Hort als Instrument für ihre Rache angesehen hat oder ob er für sie eher symbolische Bedeutung (als Teil Siegfrieds) hatte.

Betrachten wir Strophe 1126, so fällt auf, dass der Dichter betont:

> „Und waere sîn tûsent stunde noch alse vil gewesen, und solt' der herre Sîfrit gesunder sîn gewesen, bî im waere Kriemhilt hendeblôz bestân." („NL 1126")

Diese Aussage und die Tatsache, dass Kriemhild das höfische Leben meidet (Vgl. „NL 1102") und zudem keine Anstalten macht, den Hort zurückbringen zu lassen,

---

[467] In dieser Aventiure finden sich unzählige Verweise auf Kriemhilds Leid, u.a. „NL 1101 f."; „NL 1110"; „NL 1112 f." etc..

[468] Weber, Das Nibelungenlied, Problem und Idee, S. 12,

[469] Wahl Armstrong, Rolle und Charakter, S. 286.

verdeutlichen, dass es ihr zu diesem Zeitpunkt noch nicht um Geld- oder Machtansprüche geht und dass sich ihre Trauer nur auf den Verlust des Gatten bezieht. Kriemhild scheint sich erst mit der „Rückkehr" des Hortes darüber bewusst zu werden, dass sie nun über ein Instrument der Macht verfügt. Tatsächlich bedient sie sich dann auch dem höfischen Wert der *milte* und beschenkt viele Krieger, die sie auf diese Weise gewogen stimmt: *„Dô sie den hort nu hête, dô brâhtes' in daz lant vil unkunder recken."* („NL 1127").

Ob dies im Bewusstsein von Machtansprüchen, bzw. einer baldigen Rache geschieht oder Ausdruck ihrer feudalhöfischen Lebensführung und ihres Werteverständnisse ist, wird im Text nicht explizit beschrieben. Sicher ist jedoch, dass Hagen in Kriemhilds Handeln eine Gefahr sieht und ihr nach einer Unterredung mit Gunther den Hort raubt:

„[...] daz dâ reite Hagene, ob si solde leben noch deheine wîle, daz si sô manigen man in ir dienst gewunne, daz ez in leide müez' ergân." („NL 1128")

Das Gespräch und der sich anschließende Hortraub zwischen Hagen und Gunther zeigen eine Instrumentalisierung Kriemhilds für machtpolitische Zwecke: *"des möht ir vil gewinnen, würd` uns die küneginne holt."* („NL 1107").

Wie bei Kriemhilds Erbforderung (Vgl. Punkt 3) wird ihr legitimer Anspruch auf Verfügungsrecht über einen Besitz von männlicher Seite missachtet und unterbunden. Die männlichen Akteure wirken den Interessen weiblicher Figuren kollektiv entgegen, was besonders das Verhalten der Brüder Gernot und Giselher offenbart, die ihre mit Kriemhild eingegangenen familiären *triuwe*- Bindungen brechen (Vgl. „NL 1135,4").

Letztlich bedeutet der Raub für Kriemhild wiederholte Demütigung und Entmachtung und ist zugleich Beleidigung an Siegfried, da sich dieser in dem Schatz manifestiert.[470]

In der letzten Strophe der 19. Aventiure rekurriert der Dichter nochmals auf Kriemhilds Leid und betont den Aspekt der Treuebindung zwischen Kriemhild und Siegfried, den ich im folgenden Abschnitt näher behandeln werde:

„si wonte in manigem sêre drîuzéhen jâr, [...]. si was im getriuwe, des ir diu meiste menige giht." („NL 1142")

---

[470] Vgl. Wahl Armstrong, Rolle und Charakter, S. 287.

### Kriemhilds *triuwe*-Bindung an Siegfried

Kriemhilds Treue zu Siegfried wird v.a. in Aventiure 20 evident, in der Rüdiger von Bechelarn im Auftrag des verwitweten Königs Etzel formvollendet um Kriemhild wirbt. Der bloße Gedanke an eine Eheschließung mit dem Hunnenkönig erscheint dieser jedoch als Verspottung (Vgl. „NL 2118") und so führt sie gleich mehrere Gründe für ihre Ablehnung an: Aufgrund ihres großen Kummers glaubt sie sich ihrer Schönheit beraubt und bezweifelt zudem der von ihr erwarteten Rolle einer höfischen Dame und den damit verbundenen Verpflichtungen wie z.b. der höfischen *vreude* oder des *hohen muots* gerecht zu werden (Vgl. „NL 1245" ), des Weiteren sieht sie sich außerstande, als Christin einen Heiden zu ehelichen (Vgl. „NL 1248").

Ausschlaggebend für Kriemhilds (vorläufige) Weigerung Etzel zu heiraten, liegt jedoch in ihrer Treue-Bindung zu Siegfried, dessen Tod sie noch immer nicht überwunden hat:

„[...] jâ verlôs ich ein den besten, den ie vróuwé gewan." („NL 1233");

„[...] mir hât der tôt an einem sô rehte leit getân, des ich unz an mîn ende muoz unvroelîche stân." „NL 1238".

Ihre *triuwe* ist ihr „Lebensquell- das einzige, weshalb man sagen kann, sie lebt, sie vegetiert nicht."[471] War die Liebe zu Siegfried zu seinen Lebzeiten Kriemhilds Lebensinhalt, so wandelt dieser sich nach seinem Tod in Leid und Schmerz, bis schließlich die uneingeschränkte Gattentreue zu ihrem einzigen Lebenszweck wird.

Die Witwe wird in ihrem Genderentwurf zu einer „Minneheiligen", ihr Dasein ist vollständig durch die Ausrichtung auf den verstorbenen Gatten bestimmt, dessen Tod die Auslöschung ihrer eigenen Person impliziert.[472] Deshalb hat sie auch (zunächst) keinen Blick für die machtpolitischen Möglichkeiten, die sich aus einer Heirat mit Etzel ergeben würden.[473]

---

[471] Weber, Das Nibelungenlied, Problem und Idee, S. 13.

[472] Vgl. Burger, Bernhard: Die Grundlegung des Untergangsgeschehens im Nibelungenlied. HochschulSammlung Philosophie Literaturwissenschaft, Diss. Freiburg 1985, Bd. 11, S. 229 zitiert nach Jönsson, Maren: „Ob ich ein ritter waere", S. 164.

[473] Vgl. „NL 1235 bis 1237": Rüdigers Beschreibung von Etzels ungeheurem Reichtum und seiner Macht bewegen Kriemhild trotzdem nicht dazu, ihre Einwilligung zu der Vermählung zu geben: *„ wie möhte mînen lîp immer des gelusten, deich wurde heldes wîp! [...]. "* („NL 1238").

Erst als Markgraf Rüdiger Kriemhild seine unverbrüchliche Treue zusichert, ihr verspricht: „*er wolde si ergetzen, swaz ir ie geschach.*" („NL 1255") und des Weiteren beeidet, ihr Leid zu vergelten (Vgl. „NL 1257"), keimt in ihr Hoffnung auf, den Mord an Siegfried rächen zu können: „*[...] waz ob noch wirt errochen des mînen lieben mannes lîp?"* („NL 1259").

Obwohl ihr Entschluss, ein zweites Mal zu heiraten, auf den ersten Blick eher als Treuebruch erscheint, ist ihr Vorhaben letztendlich ein „[...] Akt der Treue [...], insofern sie nämlich Kriemhild die einzige Möglichkeit bietet, ihre Treue zu dem Geliebten nicht nur in der passiven Form stillen Leidens, sondern auch in der erfüllend aktiven Form der Rache zu bewähren."[474]

Im Hinblick auf Kriemhilds höfisches Werteverständnis ist anzumerken, dass die *triuwe* zwar einen der Leitbegriffe des höfischen Wertesystems darstellt, Kriemhilds eigene *triuwe*- Bindung jedoch nicht mehr als höfische Tugend aufgefasst werden kann, da sie ausnahmslos auf Siegfried gerichtet ist. Diese einseitige Ausrichtung von Kriemhilds Treue hat auch ihre *unmâze* bei der Durchführung ihrer Rache und ihre *untriuwe* gegenüber Etzel zur Folge, der für sie letztlich nur Mittel zum Zweck darstellt.

Mit der Entscheidung zu einer zweiten Heirat beginnt Kriemhild sich zu verändern. Sie entfernt sich immer stärker von höfischen Tugenden und ihre Charakterzüge wandeln sich schrittweise in Richtung der entmenschlichten Rächerin am Ende des Epos, was jedoch nicht bedeutet, dass es im ersten und zweiten Teil des Epos zwei unterschiedliche Kriemhild-Figuren gibt. Vielmehr findet ein Wandlungsprozess statt, denn „ob als rückhaltlos Liebende, ob als untröstlich Leidende und tödlich Beleidigte, oder als unversöhnliche Rächerin, - in allen Phasen ihres tragischen Lebenslaufs zeigt Kriemhild dieselbe Eindeutigkeit des Wollens, das gleiche leidensfähig leidenschaftliche Engagement ihres ganzen Selbst, [...]."[475]

Den weiteren Verlauf von Kriemhilds Wandlungsprozess verdeutliche ich in den folgenden Punkten meiner Arbeit, die sich mit Kriemhilds Verhalten im zweiten Teil des Epos beschäftigen.

---

[474] Wahl Armstrong, Rolle und Charakter, S. 288.
[475] Ebd., S. 290.

## Kriemhild im zweiten Teil

### Gesellschaftlicher Status und Eingliederung in Etzels Hof

Kriemhild, die durch den Raub des letzten Hortrestes (Vgl. „NL 1273, 4") materiell vollständig von ihren Brüdern abhängig ist (Vgl. „NL 1276,4 f."), tritt durch die Einwilligung zur Heirat in einen neuen gesellschaftlichen Lebensstandard.

Aventiure 20 verdeutlicht diesen neuen gesellschaftlichen Status, denn Kriemhild wird noch vor dem eigentlichen Vollzug der Ehe als Nachfolgerin Helches anerkannt und als neue Königin akzeptiert: *„si enpfiengen Kriemhilde, daz sis êre muosen hân, [...]."* („NL 1345")

Die prachtvolle Hochzeit zwischen Kriemhild und Etzel erfolgt an Pfingsten und stellt den Höhepunkt der festlichen Aktivitäten dar. Hier offenbart sich v.a. die Diskrepanz zwischen äußerer Herrlichkeit und innerer Verfassung Kriemhilds, denn trotz materieller Entschädigung und neuer Machtposition bleibt der Verlust des Gatten und die damit verbundene Trauer weiterhin präsent: *„ Wie si ze Rîne sœze, si gedâht' ane daz, bî ir edelen manne; ir ougen wurden naz."* („NL 1371").

Ihre Eingliederung in Etzels Hof und die Erfüllung königlicher Pflichten erfolgt nur nach außen hin, innerlich trauert sie beständig weiter um den toten Gatten und sinnt darauf, ihre Racheabsichten zu verwirklichen. Dieser Widerspruch zwischen Außen- und Innenleben der sich verselbstständigen weiblichen Figur wirkt als Genderentwurf bedrohlich, denn eine derartige Unberechenbarkeit widerspricht normtransgredierend dem literarischen Idealbild.[476]

### Verhältnis höfische Kultur und Männerpatriarchat

Wie bereits beschrieben konstituiert sich die höfische Welt des Mittelalters durch bestimmte Kennzeichen, wie äußerer Form (entsprechendes Personal und standesgemäße Kleidung), höfischer Geselligkeit (Feste und Turniere) und dem Befolgen der Leitbegriffe *triuwe*, *êre* und *minne*.

---

[476] Vgl. Jönsson, Maren: „Ob ich ein ritter waere", S. 119.

Ich habe bereits im ersten Teil meiner Arbeit Kriemhilds Verhältnis zur höfischen Kultur beschrieben, wobei sich herausstellte, dass sie vorgeschriebene Verhaltensmuster akzeptiert, höfische Werte und Normen befolgt und sich dem Patriarchat ihrer Brüder untergeordnet hat.

Im zweiten Teil des Epos lassen sich jedoch einige Veränderungen in ihrem Verhalten erkennen, denn obwohl sich Kriemhilds gesellschaftlicher Status und ihr äußerer Repräsentationsrahmen vergrößert haben[477], entfernt sich die Hunnenkönigin immer weiter vom Idealbild einer höfischen Dame.

Der Dichter verweist in den Aventiuren 21, 22 und 23 mehrfach auf Kriemhilds Freigebigkeit bei der Verteilung von Geschenken:

„álle díe si gesâhen, die machte si ir holt („NL 1323"); dô teilte diu küneginne golt unt gewant, silber unt gesteine."(„NL 1384")

Diese Großzügigkeit, bzw. *milte* gehört zwar in den Katalog höfischer Tugenden, zeugt jedoch an dieser Stelle nicht von höfischer Vollkommenheit, sondern dient Kriemhild vielmehr als Instrument für ihre Rachepläne. Durch das Verschenken von Gütern versucht die Hunnenkönigin Abhängigkeiten zu erschaffen und somit bestimmte *triuwe*-Verpflichtungen (hier: Lehnstreue) zu erzwingen.

Ein ähnliches Phänomen findet sich bei der Untersuchung von Kriemhilds Liebe und der Treuebindung zu ihrem toten Gatten, welche in ihrem Leben oberste Priorität besitzen. *Minne* und *triuwe* sind – wie schon beschrieben – ebenfalls dem Repertoire höfischer Tugenden zuzuordnen, hier fungieren sie jedoch als Störfaktoren der gesellschaftlichen Welt, da Kriemhild diese Werte absolut setzt.

Kriemhilds *triuwe* fehlt es am höfischen Gebot der *mâze*, ferner folgt aus der Komplexität der im ‚Nibelungenlied' vorhandenen personalen Bindungen, dass ihre uneingeschränkte Gattentreue zwangsläufig Treuebrüche, d.h. *untriuwe* gegenüber anderen Personen (z.B. ihren Brüdern oder Etzel etc.) nach sich zieht, so dass *minne* und *triuwe* in diesem Fall keine Kennzeichen höfischer Perfektion, sondern Hauptmotive für den Untergang der gesellschaftlichen Welt im ‚Nibelungenlied' sind.

Kriemhilds selbständig organisierte Rache und die Tatsache, dass Etzel für sie letztlich nur als Werkzeug dient, offenbart auch, dass die Hunnenkönigin das vorherrschende Männerpatriarchat nicht mehr anerkennt. Ihr Verhalten entspricht

---

[477] Der Dichter betont in den Strophen 1367 bis 1369 immer wieder, dass die Größe des Festes und die Größe der Gefolgschaft sowie die Großzügigkeit der verteilten Geschenke alles bisher da gewesene übertreffe.

zwar äußerlich dem System höfischer Werte und Normen (Vgl. „NL 1352,4"etc.), innerlich wandelt sie sich jedoch immer stärker in die Richtung einer entmenschlichten Rächerin. Auf welche Weise diese Entwicklung abläuft und wie Kriemhild durch ihr Verhalten die bestehende Geschlechterordnung im ‚Nibelungenlied' außer Kraft setzt, zeige ich in den folgenden Punkten auf.

### Rachemotiv und verräterische Einladung

Kriemhilds Racheverlangen ist zweifach motiviert: Zum Einen rechtlich und zum Anderen emotional.

Rechtlich gesehen fordert der Mord an Siegfried und der Raub des Hortes Vergeltung an den Tätern. In einer Zeit, die keine geregelte Strafverfolgung durch den Staat kennt, liegt die Sühne bei den Betroffenen und den Familien, wobei es sich dabei zumeist um die Blutrache oder die Fehde handelt.[478] Da der Rechtsschutz der Frau meistens durch deren Sippe gewährleistet werden muss, bleibt Kriemhild in ihrer Situation nur die Möglichkeit, ihre Rache selbständig vorzubereiten und auszuführen, denn Gunther ist indirekt in die Verbrechen an Kriemhild verwickelt und kann daher seiner Funktion als Rechtsvertreter, die er als Bruder Kriemhilds und als König innehat, nicht nachkommen.

Neben dem rein rechtlichen Rachemotiv steht Kriemhilds emotionale Handlungsmotivierung: Diese resultiert aus Kriemhilds (passiver) Mitschuld am Tod des Gatten (Vgl. Kriemhilds *leit* in Punkt 3 des ersten Teils), die sie bereinigen will.

Zum anderen ist auch Kriemhilds Ehe mit Etzel für ihre Rache von Bedeutung, denn Kriemhild heiratet den Hunnenkönig allein um ihrer Rachepläne willen und deshalb kann „nur der Vollzug der Rache ihre Verbindung mit Etzel rechtfertigen und sie der Schuld des Treuebruchs gegenüber Siegfried entlasten [...]."[479]

Ihre Heirat, die formal als ein Treuebruch gegenüber Siegfried erscheint, bietet ihr die einzige Möglichkeit, ihre Treue zu dem Geliebten „in der erfüllend aktiven Form der Rache zu bewähren."[480]

Die Rachepläne der Hunnenkönigin konkretisieren sich in der 23. Aventiure. Gegenwärtige Machtfülle (Vgl. „NL 1390") und erneute Mutterschaft (Vgl. „NL

---

[478] Vgl. Schulze, Das Nibelungenlied, S. 235.

[479] Ebd., S. 297.

[480] Wahl Armstrong, Rolle und Charakter, S. 288.

1387") können die zurückliegenden Kränkungen nicht aufheben, so dass die Reminiszenz an vergangenes Leid im Vordergrund steht: *„sie gedâht' ouch maniger leide, der ir dâ héimé geschach."* („NL 1391")

Die lange Zeit des Wartens verdeutlicht einmal mehr die „Entschiedenheit ihres Charakters, für den die Zeit keine Wunden heilt"[481] und hat letztlich die verräterische Einladung an die Burgunden zur Folge:

> „vil lieber herre mîn, ich wolde iuch bitten gerne, möht' iz mit hulden sîn, daz ir mich sehen liezet, ob ich daz het versolt, ob ir den mînen vriunden waeret innecliìchen holt." („NL 1401")

Kriemhilds falsche Einladung verdeutlicht, dass weibliche Figuren im ‚Nibelungenlied' zur Verwirklichung individueller Interessen keine Möglichkeiten eines höfisch legitimierten, normentsprechenden Handelns gegeben sind. Da sich weibliche Figuren in der Öffentlichkeit den von Männern formulierten Grundsätzen zu fügen haben, besteht der einzige Weg, ihre Ziele zu erreichen, in einem Verstoß gegen die *ordo*, was entweder indirekt oder durch Anwendung von List erfolgt.[482]

Kriemhild veranlasst Etzel im vertraulichen Bettgespräch zur Einladung ihrer Verwandten. Indem sie als sozial schwächere Person List und Betrug anwendet, zerstört sie die genderrelatierten Spielregeln realer Machtverhältnisse und setzt hier die bestehende Geschlechterordnung außer Kraft.

Da der Hunnenkönig die wahren Absichten so wenig durchschaut wie alle anderen, geht er auf ihr Anliegen bereitwillig ein (Vgl. „NL 1402"), und sobald er Wärbel und Swemmel als Überbringer der Einladung bestimmt hat, greift Kriemhild aktiv in das Geschehen ein: Zeigte sie im ersten Teil des Nibelungenliedes noch einen eklatanten Mangel an sozialer Um- und Weitsicht (z.B. in ihrem vorbehaltlosen Vertrauen auf Hagens Treue), hat sie sich nun zur vorausschauend Agierenden gewandelt.[483]

Hier offenbart sich ihre Entwicklung zur planenden, weitsichtig kalkulierenden Rächerin, denn sie schärft den Boten ein, auf keinen Fall zu erzählen, *„daz ir noch*

---

[481] Wahl Armstrong, Rolle und Charakter, S. 298.

[482] Vgl. Bennewitz, Ingrid: „Das Nibelungenlied- ein ‚Puech von Chrimhilt'". In: 3. Pöchlarner Heldenliedgespräch. Die Rezeption des Nibelungenliedes, hrsg. von Klaus Zatloukal, Wien 1995 (Philologica Germanica Band 16), S. 51, zitiert nach Jönsson, Maren: „Ob ich ein ritter waere", S. 119.

[483] Vgl. Gephart, Irmgard: Der Zorn der Nibelungen. Rivalität und Rache im ‚Nibelungenlied', Böhlau Verlag Köln Weimar Wien 2005, S. 112

*ie gesaehet betrüebet mînen muot.“* („NL 1415") und darauf zu drängen, dass Hagen mitkomme (Vgl. „NL 1419").

Kriemhild bedient sich bei der Einladung ihrer Verwandten der gleichen betrügerischen Mittel, wie die Männer im ersten Teil des Epos (Vgl. Der Brautwerbungsbetrug auf Isenstein in Aventiure 7).

Waren diese Mittel bei den Männern jedoch noch weitgehend positiv konnotiert (Vgl. „NL 432"; „NL 452"; „NL 470" etc.), weist der Dichter hier zweifach (negativ wertend) darauf hin, dass niemand Kriemhilds wahre Absichten durchschauen oder verhindern könne (Vgl. „NL 1398"; „NL 1399").

Dass sich die Haltung des Dichters im Hinblick auf Kriemhild verändert hat, zeigt sich besonders in Strophe 1394, denn hier lässt der Epiker seine Protagonistin nicht nur figurenintern bewerten (Vgl. „NL 1748" und „NL 2371"), sondern kommentiert ihr Verhalten selbst, indem er es als „Einflüsterung" des Teufels charakterisiert: „*Ich waene der übel vâlant Kriemhilde daz geriet, [...].*"

Die folgenden Punkte 4 und 5 befassen sich mit Kriemhilds Verhalten während der ersten Begegnung mit den Burgunden am Etzelhof und verdeutlichen abschließend Kriemhilds Darstellung als Rächerin.

### Kriemhilds Schritte, um einen Kampf auszulösen

Bei der Untersuchung der Schritte, die zur Auseinandersetzung zwischen Burgunden und Hunnen führen, ist anzumerken, dass es nicht nur Kriemhild ist, die jene kampfauslösenden Handlungen heraufbeschwört. Sowohl Kriemhild als auch Hagen setzen auf „[...] Konfliktfreilegung und Konfliktsteigerung"[484], so dass sich ihre symbolischen, gestenhaften und handlungsmäßigen Provokationen zu einer Spirale der Gewalt zuspitzen und ein Kampf zwischen den gegnerischen Parteien letztlich unausweichlich wird.

---

[484] Harald Weydt, Streitsuche im ‚Nibelungenlied': Die Kooperation der Feinde. Eine konversationsanalytische Studie. In: Literatur und Konversation. Hrsg. von Ernest W. B. Hess-Lüttich, Wiesbaden 1980, S.101, zitiert nach Gephart: Der Zorn der Nibelungen, S. 135.

Marie-Luise Bernreuther vergleicht die sorgfältig aufgebauten und konsequent durchgestalteten Provokationsketten zwischen den Antagonisten mit einer Wellenbewegung', dessen Abschluss und Höhepunkt durch *actio* und *reactio* der Protagonisten hervorgerufen wird.[485]

Die erste Begegnung zwischen Kriemhild und Hagen erfolgt bei der Begrüßung der Wormser Gruppe. Noch bevor das Königspaar die Gäste gemäß dem üblichen Zeremoniell gemeinsam willkommen heißt, geht Kriemhild den Burgunden allein entgegen:

> „Kríemhilt diu schoene mit ir gesinde gie, dâ si die Nibelunge mit valschem muote enpfie. si kuste Gîselheren und nam in bî der hant." („NL 1737")

Ihre Geste, nur Giselher den Willkommensgruß zu gewähren, ist von hohem öffentlichem Symbolwert und verstößt eindeutig gegen die vorherrschende höfische Etikette, nach der sie verpflichtet gewesen wäre, auch die anderen Brüder und Hagen zu begrüßen. Sie wird von niemandem besser verstanden als von Hagen, der darauf ebenfalls symbolisch reagiert: *„daz sah von Tronege Hagene: den helm er váster gebant."* („NL 1737")

Die höfische Interaktion, sofern Kriemhild und Hagen an ihr beteiligt sind, gleicht im folgendem einem Schlagabtausch, denn Kriemhild zeigt ihre Feindschaft ab jetzt öffentlich. Sie lässt ihren Erzfeind Hagen ausdrücklich von der Begrüßung aus („*Sí sprách: "nú sît wíllekómen, swer iuch gerne siht."* („NL 1739,1")) und fragt ihn in Strophe 1741 direkt nach dem Hort.[486]

---

[485] Vgl. Bernreuther, Marie-Luise: Motivationsstruktur und Erzählstrategie im „Nibelungenlied" und in der „Klage". Greifswald 1994 (Greifswalder Beiträge zum Mittelalter 26, Serie Wodan, Band 41, Studien zur mittelalterlichen Literatur. Band 5), S. 79 f., zitiert nach Jönsson, Maren: „Ob ich ein ritter waere", S. 190.

[486] Ich habe das Hortmotiv bereits in Punkt 5 meiner Hausarbeit untersucht und bin zu dem Schluss gekommen, dass der Schatz für Kriemhild im ersten Teil des Epos sowohl Machtmittel ist als auch stellvertretenden, symbolischen Wert für Siegfried innehat.

Kriemhilds Hortforderungen im zweiten Teil des Epos (Vgl. „NL 1741" und „NL 2367") sind in der Forschung vielfach als rein materielle Gier interpretiert worden. So spricht Hans Kuhn im Zusammenhang mit Kriemhilds Hortforderung von ihrer Verblendung durch Hass und Gier und Friedrich Neumann geht sogar davon aus, dass Kriemhild letztlich nicht Rache für den Geliebten, sondern vor allem dessen Machtmittel, also den Hort, wolle.

Tatsächlich scheint der Hort für Kriemhild jedoch rein symbolische Bedeutung zu besitzen, wie es neben Gottfried Weber u.a. auch Werner Schröder in seiner Abhandlung zur Hortfrage im Nibelungenlied interpretiert: „...ihn, den Mörder, nicht den Schatz, für den sie in ihrer neuen, ja noch so weit mächtigeren Stellung gar keine praktische Verwendung hat und der ihr nur als Sivrits Morgengabe teuer und unverzichtbar ist."

Hagen erteilt der Hunnenkönigin daraufhin eine zynische Antwort (Vgl. „NL 1742") und verspottet sie: *„Jâ bringe ich iu den tiuvel", [...] "ich hân an mînem schilde sô vil ze tragene und an der mînen brünne;[...]"* („NL 1744"), so dass er aus diesem Wortwechsel als der Überlegene hervorgeht. Des Weiteren verhindert er, dass die Burgunden – gemäß Kriemhilds Wunsch – im Saal ihre Waffen ablegen (Vgl. „NL 1745" und „NL 1746").

Ich habe bereits in Punkt 3 angedeutet, dass sich die Haltung des Dichters im Hinblick auf Kriemhild verändert hat. Während seine Sympathie im ersten Teil des Epos eindeutig der Hunnenkönigin galt, scheint sie sich nun Hagen zuzuwenden, der mehr und mehr die Rolle des heroischen Helden einnimmt. Der Dichter gestaltet den Prozess, in dessen Verlauf Kriemhild immer mehr an Weiblichkeit und Menschlichkeit verliert, schrittweise: Kriemhilds Erkenntnis, dass die Burgunden gewarnt sein müssen und ihre Todesdrohung vor den Hunnen (Vgl. „NL 1747") zieht Dietrich von Berns Ausspruch *„[...] nu zúo vâlandinne, du solt michs nicht geniezen lân."* („NL 1748") nach sich.

Wenn Dietrich das Substantiv *„vâlandinne"* als Bezeichnung Kriemhilds benutzt, impliziert dies zwar eine deutliche Abwertung, bewirkt aber zugleich eine Art retardierendes Moment. Wenn die Hunnenkönigin scham- und furchtbeseelt den Schauplatz räumt (Vgl. „NL 1749"), wirkt sie für einen Augenblick wieder

---

Wenn das Motiv des Hortes jetzt in Aventiure 28 erneut auftaucht, geschieht dies folglich nicht aufgrund seines materiellen Wertes (als Hunnenkönigin verfügt Kriemhild über so unermessliche Reichtümer, dass sie den Hort als materiellen Wert keineswegs nicht benötigt), sondern aufgrund seines Memorialzeichens und seiner Nähe zu Siegfried.

Der Schatz steht symbolisch für den toten Gatten, er ist Teil des Helden über dessen Tod hinaus und zudem das Einzige, was von ihm geblieben ist. Deshalb muss Kriemhild den Hort von Hagen fordern, um nicht gegen den Geliebten untreu zu werden und um ihre verletzte Würde und Ehre rechtlich wiederherzustellen.

Da Kriemhild als weibliche Figur nur begrenzte Handlungsbefugnisse hat, wird die Rückerstattung ihres persönlichen Eigentums zu einer Prinzipienfrage, die mit dem Eigenwert der Person verbunden ist. Dies erklärt auch ihre Hartnäckigkeit bei der Frage nach dem Hort.

**Kuhn, Hans:** Der Teufel im Nibelungenlied. In: Nibelungenlied und Kudrun. Hrsg. von Heinz Rupp, Darmstadt 1976 (WdF 54), S. 339.

**Neumann, Friedrich:** Das Nibelungenlied in seiner Zeit, Göttingen 1967, S. 18.

**Weber, Gottfried:** Das Nibelungenlied. Problem und Idee, Stuttgart 1963, S. 19.

**Schröder, Werner:** Zum Problem der Hortfrage im Nibelungenlied. In: Nibelungenlied-Studien, Stuttgart, 1968, S. 166.

menschlicher und offenbart kurzzeitig das Bild der früheren Dame. Dieser Moment der Verlegenheit vergeht jedoch schnell und führt zu keiner tiefergehenden Reflexion ihres Handelns.

Dietrichs symbolisch-gestischer Handschlag (Vgl. „NL 1750") zeichnet zudem Hagen aus und erhöht dessen Position, wodurch Kriemhilds Vereinsamung im Kontrast zu der starken männlichen Front der Unterstützung Hagens deutlich wird. Denn während es Hagen gelingt, Kräfte an sich zu binden, bleiben Kriemhilds Mobilisierungsversuche erfolglos.

Die folgende Aventiure *Wie Kriemhilt Hagenen verweiz unt wie er niht gên ir ûf stuont* wird von der zweiten direkten Konfrontation zwischen Hagen und Kriemhild eingeleitet und endet ebenfalls mit einer Niederlage der Hunnenkönigin.

Als Kriemhild Hagen und Volker erblickt, die direkt vor ihrem Gemach sitzen, beginnt sie aufgrund des von Hagen verursachten Leids an zu weinen. Ihre öffentlich geweinten Tränen haben an dieser Stelle Aufforderungscharakter, der die natürliche Reaktion des Tröstens in ein vorsätzliches In- die- Pflicht- nehmen modifiziert und das mitgegebene Signal des „Tröstet mich" in der höfisch-sozialen Kodierung zum imperativen „Rächt mich" umwandelt.[487]

Dementsprechend wird ihr Benehmen verstanden und die anwesenden Gefolgsleute bieten an, Kriemhilds Leid zu rächen, was diese jedoch angesichts der geringen Schar sofort unterbindet. Die Hunnenkönigin will Hagen nur *under krône* („NL 1770") gegenübertreten, was den Versuch darstellt, durch die symbolhafte Zurschaustellung ihrer Machtmittel den Widersacher einzuschüchtern und ihr erlittenes *leit* durch Erhöhung der eigenen Person zu kompensieren.

Hagens Reaktion ist ebenfalls symbolisch zu erklären: Dadurch dass er sich weigert vor ihr aufzustehen und zudem das Schwert Siegfrieds provokativ über seine Knie legt, verweigert er der Hunnenkönigin den ihr zustehenden Respekt und fügt ihr durch diese öffentliche Demütigung eine weitere schwere Ehrenkränkung zu, was einer zweiten Niederlage Kriemhilds gleichkommt.

---

[487] Vgl. Gephart, Der Zorn der Nibelungen, S. 140.

Der letzte und drastischste Schritt zur Auslösung offener Kampfhandlungen zwischen Hunnen und Burgunden findet sich in den Strophen 1912 und 1913, in denen die gegenseitigen Provokationen der Antagonisten Kriemhild und Hagen eskalieren.

Kriemhild lässt den gemeinsamen Sohn Ortlieb in den Saal tragen und macht ihn so zum Spielball der Auseinandersetzungen:

> „Dô der strît niht anders kunde sîn erhaben [...], dô hiez si tragen ze tische den Étzélen sun." („NL 1912")

Der Text lässt keine eindeutige Interpretation hinsichtlich einer vorsätzlichen Sohnestötung zu, allerdings bleibt die moralische Fragwürdigkeit ihrer Tat aufgrund der „wohlberechneten Synchronisation mit dem hinterhältigen Überfall auf die burgundischen Knappen"[488] präsent.

Der Erzähler kommentiert, Kriemhilds Handeln sei um der Entflammung des Kampfes willen notwendig gewesen. Er verurteilt ihr Agieren und distanziert sich moralisch von seiner Hauptfigur, was die negativ wertende rhetorische Frage in Strophe 1912,4 verdeutlicht: *„wie kunde ein wîp durch râche immer vreislîcher tuon?"*

Der Verweis auf Kriemhilds *leit* („*Kriemhilt ir leit daz alte in ir hérzen was begraben*" „NL 1912, 2") veranschaulicht zwar ihre Racheabsicht, es bleibt aber letztlich der Deutung des Rezipienten überlassen, ob ihr Handeln die intendierte Opferung des Sohnes impliziert oder nicht.[489]

Sicher ist zumindest, dass die Hunnenkönigin mittels der Ermordung des Kindes durch Hagen ihr Ziel erreicht hat, denn sie hat zum Einen die Kampfhandlungen forciert[490] und zum Anderen die Parteinahme des bis dahin neutral gestimmten Etzels erreicht, der immer wieder um Schlichtung bemüht war.

---

[488] Ebd., S. 304.

[489] Vgl. Jönsson, Maren: „Ob ich ein ritter waere", S. 199.

[490] Jan Dirk Müller spricht im Zusammenhang mit Ortlieb von einem Katalysator, der bewirkt, dass sich die aufgestaute, aggressive Energie entlädt.
(Müller, Jan Dirk: Das Nibelungenlied, Erich Schmidt Verlag 2002, Klassiker Lektüren Bd. 5, S. 150.)

### Darstellung Kriemhilds als Rächerin

Ich habe bereits in Punkt 4 den moralischen Perspektivenwechsel des Dichters vom ersten zum zweiten Teil angesprochen, was besonders durch Hagens Heroisierung verdeutlicht wird, die synchron zur Herabsetzung und Entwertung der Kriemhild-Figur verläuft.

Kriemhilds Aussage, den hunnischen Gefolgsleuten als Belohnung für Hagens Tod Land und Besitz zuzusichern (Vgl. „NL 2021, 3"; „NL 2025"), wird zwar durch den freiwilligen Kampfeintritt Irincs abgeschwächt, gleichwohl bleibt hier das Bild einer sich für ihre Rachepläne erniedrigenden Frau bestehen, deren absolut gesetzter Vergeltungswille zum handlungsbestimmenden Prinzip geworden ist.

Der Verlust höfischer Werte und Normen und der damit einhergehenden Wandel zur entmenschlichten Rächerin, zur *vâlandinne*, treten bei Kriemhild immer stärker in den Vordergrund. So hält sie Etzel beispielsweise in letzter Sekunde davon ab, die Burgunden aus dem Saal zu lassen (Vgl. „NL 2100") und auch Gîselhers Appell an ihre *genâde* (Vgl. „NL 2102, 4") weist sie mit dem Verweis auf das ihr zugefügte Leid ab:

„Ine mác iu niht genâden: ungenâde ich hân. mir hât von Tronege Hagene sô grôziu leit getân, [...]." („NL 2103")

Das Gespräch zwischen ihr und Gîselher offenbart außerdem Kriemhilds Absicht, notfalls die eigenen Brüder zu opfern, falls diese ihr den verhassten Hagen nicht ausliefern[491]:

„Welt ir mir Hagenen einen ze gîsél geben, sone wîl ich niht versprechen, ich welle iuch lâzen leben, [...]". („NL 2104")

Die Ablehnung der Brüder ermöglicht ihr auf die burgundische Unversöhnlichkeit zu verweisen und ihren Racheplan den Saal anzuzünden zu legitimieren.[492]

Bei der Saalbrandszene verweist der Epiker v.a. auf die Leiden der eingeschlossenen Burgunden (Vgl. „NL 2111, 2"; „NL 2118, 4"). Er korreliert die Berichte über die Anschläge mit Hinweisen auf ihr Leid,

---

[491] Dass die Brüder wohl kaum auf das Angebot eingehen würden, dürfte Kriemhild im Hinblick auf die ihr bekannten triuwe- Bindungen zwischen den Königen und Hagen klar gewesen sein, denn schon Siegfrieds Ermordung und der Hortraub verdeutlichten, dass für die Könige die Loyalität zu ihrem obersten Vasallen vor der familiären Sippenbindung an die Schwester stand, bzw. steht.

[492] Vgl. Gephart, Der Zorn der Nibelungen, S. 168.

was eine Empathisierung seitens des Erzählers zu Gunsten der Burgunden und auf Kosten Kriemhilds zur Folge hat.[493]

Weder in Äußerungen des Dichters selbst noch figurenintern finden sich positive Wertungen der Hunnenkönigin, was daran liegt, dass Kriemhild ihre Rache nun unterscheidungslos gegen alle richtet, die für Hagen Position bezogen haben.

Im Hinblick auf Kriemhilds Verlust höfischer Werte und Tugenden ist auch die Aventiure 37 (*Wie Rüedegêr erslagen wart*) von Bedeutung, denn Rüedeger von Bechelaren gerät durch Kriemhilds Forderung in einen unlösbaren Konflikt zwischen Lehnspflicht gegenüber Etzel und Freundschaftstreue gegenüber den Burgunden. Kriemhilds Appell an Rüedegers Eidesverpflichtung (Vgl. „NL 2149") und an dessen Erfüllung höfischer Ideale wie *triuwe* oder *staete* (Vgl. „NL 2151") erscheint an dieser Stelle pervertiert, denn gerade ihr eigenes Werteverständnis legitimiert einen Verstoß gegen diese Werte.

Die bereits in der Irinc- Szene angesprochene Erniedrigung der Hunnenkönigin findet ihren Höhepunkt in Strophe 2152, in der sie gemeinsam mit Etzel vor Rüedeger niederkniet, um dessen Hilfe zu erflehen: „*dô buten si sich ze füezen beide für den man.*"

Ihr Ziel, den Markgrafen auf die Seite der Hunnen zu ziehen, lässt sie königliches Ehrgefühl und würdevolles Auftreten einer *frouwe* vergessen. Der Erzähler enthält sich im dargestellten Loyalitätskonflikt zwar einer persönlichen Wertung, aber die Figuren und deren Gestik sprechen an dieser Stelle für sich.

Die 39. Aventiure (*Wie her Dietrich mit Gunther und Hagene streit*) beendet das Epos und mit ihm gleichzeitig Kriemhilds Rachevollzug. Gerade in den letzten Szenen des 'Nibelungenliedes' erfährt Kriemhild eine deutliche Abwertung.

Wenn sie Hagen in der vorletzten Szene mit der Aufforderung gegenübertritt, ihr das zurückzugeben, was er ihr genommen habe, dann tut sie das nicht mit der Überlegenheit und Würde einer Königin, sondern hasserfüllt und blind vor Rachsucht:

„wie rehte fîentlîche si zuo dem helde sprach: „welt ir mir geben widere, daz ir mir habt genomen, sô muget ir noch wol lebende héim zen Búrgónden komen." („NL 2367")

---

[493] Vgl. Jönsson, „Ob ich ein ritter w◆re", S. 135.

Diese doppeldeutige Formulierung hat in der Forschung viel Beachtung gefunden und wurde häufig als Fremdkörper bezeichnet. So wertet Hans Kuhn die Schlussszene im ‚Nibelungenlied' als scharfen Bruch und äußert die These, dass die Könige und Hagen nicht starben, weil Hagen Siegfried erschlug, sondern weil jener die Herausgabe des Hortes verweigert, er sieht also keine Verschränkung zwischen Hort und Siegfried.[494]

Gottfried Weber hingegen bezeichnet den Hort als Teil Siegfrieds, ist jedoch der Meinung, dass Kriemhild durch die Hortforderung ihren Geltungs- und Machtanspruch behaupten wolle und hält deshalb ihr Angebot, Hagen bei Rückgabe des Hortes freizulassen, für wahr.[495]

Diesen Meinungen ist laut Ursula Schulze zu widersprechen. Sie betont in ihrer Interpretation die Irrealität des Angebotes Hagen zu schonen, da „das im ganzen Epos entworfene Bild Hagens und Kriemhilds dagegen *spreche*, im Figurenhorizont ernsthaft mit der Möglichkeit zu rechnen, Hagen würde durch ein Tauschgeschäft sein Leben retten, oder Kriemhild würde zugunsten des Hortes auf die Blutrache verzichten wollen."[496]

Im Verlauf meiner Hausarbeit ergab eine Interpretation des Hortmotivs, dass der Hort und Siegfried als geschlossene Einheit zu verstehen sind, d.h. dass er einen Teil des Geliebten symbolisiert. Unter diesem Aspekt muss Kriemhilds Forderung als eine Zuspitzung und Verschärfung der Rivalität der Kontrahenten interpretiert werden.

Die Hunnenkönigin will ihre Überlegenheit demonstrieren und erlittenes Leid rächen und der Hort ist für sie dabei das Siegessymbol des (vermeintlich) Stärkeren über den Schwächeren.

Sie scheitert dabei jedoch erneut an Hagen, der sie berechnend zum Mord an ihrem Bruder treibt:

„[...] jâ hân ich des gesworn, daz ich den hort iht zeige, die wîle daz si leben deheiner mîner herren, sô sol ich in nieméne geben." („NL 2368")

---

[494] Vgl. Kuhn, Hans: „Kriemhilds Hort und Rache." In: Festschrift für Paul Kluckhohn und Hermann Schneider gewidmet zu ihrem 60. Geburtstag. Tübingen 1948, S. 87.

[495] Vgl. Weber, Gottfried: Das Nibelungenlied, S. 19.

[496] Schulze, Das Nibelungenlied, S. 232

Dass sie ihren eigenen Bruder töten lässt, demonstriert einerseits Kriemhilds fehlende moralische, religiöse und ethischen Werte, offenbart jedoch gleichzeitig, dass sie in ihrer Besessenheit und ihrem Fanatismus letztlich zum Opfer von Hagens Provokationen wird. Denn obwohl es Hagen ist, der als Geisel gefesselt vor der Hunnenkönigin steht, erscheint Kriemhild in dieser Szene als die Unterlegene, als Spielball des burgundischen Vasallen, was er durch seine Reaktion auf die Tötung Gunthers verdeutlicht:

> „[...], und ist ouch rehte ergangen, als ich mir hêté gedâht. [...]. den schaz den weiz nu niemen wan got unde mîn: der sol dich vâlandinne, immer wol verholn sîn." („NL 2370 f.")

Auffällig ist, dass Kriemhild gerade in den letzten Szenen des Epos trotz ihrer Härte und Schonungslosigkeit teilweise sehr menschlich wirkt, was besonders Strophe 2372 verdeutlicht, in der vorübergehend die liebende Frau der Vergangenheit in den Vordergrund tritt:

> „[...]. sô will ich doch behalten daz Sîfrides swert. daz truoc mîn holder vriedel, dô ich in jungest sach, an dem mir herzeleide von iuwern schúldén geschach." („NL 2372")

Bei aller Rachsucht, Gnadenlosigkeit und Entmenschlichung ist doch eins unangetastet geblieben, und es ist eben das, was ihr Wesen zutiefst bestimmt: ihre Liebe zu Siegfried.[497]

Doch die Reminiszenz auf das von Hagen verschuldete Leid veranlassen Kriemhild letztlich zu ihrem Racheakt: Sie schlägt Hagen eigenhändig den Kopf ab (Vgl. „NL 2373"). Der Tod des burgundischen Vasallen und dessen Hortverweigerung haben Kriemhild endgültig zur Unterlegenen gemacht, denn sie „hat ihr Ziel nicht erreicht. Sie hat ihren Feind nur getötet, aber nicht überwunden."[498]

Die Rachsucht der Hunnenkönigin führt in letzter Konsequenz zu ihrer eigenen Vernichtung. Ihr Tod ist im Gegensatz zum Tod der meisten männlichen Protagonisten nicht heldenmütig, sondern vollständig unheroisch:

> „jâ tet ir diu sorge von Hildebrande wê. Waz mohte si gehelfen, daz si sô groezlîchen schrê?" („NL 2376")

Ihre furchtbare Angst und ihr verzweifeltes Schreien lassen sie im Augenblick des Todes wieder weiblicher und v.a. menschlicher wirken, aber die Art und Weise

---

[497] Vgl. Hoffmann, Das Nibelungenlied, S. 73.

[498] Wahl Armstrong, Rolle und Charakter, S. 163.

wie der Dichter ihren Tod darstellt („*ze stücken was gehouwen dô daz edele wîp.*" „NL 2377"), verdeutlicht einmal mehr seinen gesellschaftlich-patriarchalischen Standpunkt, der zum Ausdruck bringt, dass er den Verstoß gegen den weiblichen *ordo* wie er hier von Kriemhild durch das Tragen von Waffen und der eigenhändige Tötung Hagens begangen wird, nicht akzeptiert.

Unabhängig von der Erzählerhaltung ist Kriemhilds unheroischer Tod jedoch insofern wichtig, als er nach all der Grausamkeit und Härte bei ihrem Rachevollzug die menschliche Seite Kriemhilds in den Vordergrund stellt und das Bild der grausamen und diabolischen Rächerin ein stückweit abschwächt.

# Schluss

## Zusammenfassen der Ergebnisse

Meine Untersuchungen der Kriemhild-Figur im ‚Nibelungenlied' haben gezeigt, dass der Epiker mit seiner Protagonistin einen vielseitigen Charakter gestaltet hat. Im ersten Teil des Epos verkörpert Kriemhild das Idealbild einer adligen Dame, die sittliche Vollkommenheit und höfische Normen verinnerlicht hat und das vorherrschende Männerpatriarchat mitsamt seinen genderrelatierten Handlungskompetenzen anerkennt. Der Frauenstreit führt zu ersten Dissonanzen in Kriemhilds Verhalten, die v.a. durch die Ermordung des Geliebten sowie den ersten und zweiten Hortraub verstärkt werden. Die aus den Kränkungen entstandenen Konsequenzen des Liebes- und Ehrverlustes lassen Kriemhild schrittweise ihr höfisches Werteverständnis vergessen und haben letztlich ihren Entwicklungsprozess von der höfischen Dame zur entmenschlichten Rächerin zur Folge.

## Beantwortung der in der Einleitung aufgeworfenen Frage

Anhand der in meiner Hausarbeit gewonnenen Erkenntnisse hinsichtlich der Charakterisierung der Kriemhild-Figur ist anzumerken, dass der Dichter seine Hauptfigur nicht in zwei unterschiedlich Rollen präsentiert, die unverbunden nebeneinander bestehen, sondern vielmehr einen glaubhaften Entwicklungsprozess dargestellt hat. Die Kriemhild-Figur verbindet in ihrer Persönlichkeit unvereinbar scheinende Gegensätze zwischen höfischer *frouwe* und entmenschlichter Rächerin, was besonders in der Schlussszene des Epos deutlich wird, wenn neben der erbarmungslosen Rächerin noch einmal das Bild der liebenden Kriemhild vergangener Tage in den Vordergrund tritt.

Trotz dieser Gegensätze hält der Epiker die Einheit, die Identität seiner Protagonistin fest, so dass „auch die grausam rächende Kriemhild noch immer das gleiche Menschenwesen ist, das einmal zärtlichste Empfindungen hegte."[499]

Da gerade Heldenepik in hohem Maß Ereignisdichtung ist und es bei dieser v.a. um die Präsentation erregender Begebenheiten und weniger um biographische Menschendarstellung geht, besteht die Leistung des Dichters im ‚Nibelungenlied'

---

[499] Wahl Armstrong, Rolle und Charakter, S. 322

besonders darin, dass er seine Hauptfigur mit all ihren individuellen inneren Antrieben und nicht immer nachvollziehbaren Handlungsmotivationen als eine sich entwickelnde konsistente Persönlichkeit dargestellt hat, die von der starren, oftmals stereotypen Personendarstellung zeitgleicher Werke abweicht.

Claudine Massard: Die Rolle der Frau in der Literatur des Mittelalters am Beispiel von Enite, der „surziere Cundry" und Brunhild

## Vorwort

Egal ob im Erecroman, im Parzival oder im Nibelungenlied: die Frauen (Enite, Cundry und Brunhild, welche ich als Beispiel nehmen werde) sind sehr stark und spielen eher „unweibliche" Rollen.

Die Frau wurde im Mittelalter bis ins zwölfte Jahrhundert als „unrein" angesehen, da die Erbsünde Evas auf ihr lastet, erst ab 1200 rückte sie der Marienkult teilweise in ein besseres Licht.

> In der Bibel und in deren Auslegung wird die Frau gegenüber dem Mann überwiegend als minderwertig, als Mängelwesen, minderbefähigt an Körper und Geist, dafür aber als sündig, unrein und wollüstig dargestellt. [...] Dabei schien die moralische Verwerflichkeit bereits vorgeprägt in der Verführerin Eva, von der – so die gängige Vorstellung – alles Böse seinen Anfang nahm.[500]

Die 3 Charaktere, auf die ich mich beziehen werde, erfüllen zwar zum Einen die Merkmale der Sünderinnen, sind aber keine „typischen" Frauen, welche in Minneliedern jener Zeit beschrieben werden: Enite bewahrt Erec vor dem Tod, Cundry ist sehr hässlich und gleichzeitig gelehrt und Brunhild verfügt über physische Kräfte, welche die eines Mannes bei Weitem übertreffen.

Im Folgenden möchte ich noch etwas weiter auf dieses Thema eingehen und anhand der bereits genannten Persönlichkeiten versuchen zu zeigen, wie eine Frau in der höfischen Literatur des Mittelalters normalerweise auftrat und was diese drei Frauen so völlig anders macht, ohne aus ihnen schlechte Menschen zu machen.

---

[500] Sieburg, Heinz: Literatur des Mittelalters, S.183

# Enite

## Einleitung

Der Erecroman wurde ungefähr 1185 von Hartmann von Aue geschrieben und gilt als erster deutscher Artusroman. Heutigen Informationen zufolge inspirierte der Autor sich an dem Roman „Erec et Enide", welcher circa 1170 von Chrétien de Troyes geschrieben und veröffentlicht wurde.

Hauptprotagonist des Werkes ist Erec, welcher, trotz anfangs positiven Zukunftsaussichten, zweimal auf die Probe gestellt wird, fast scheitert, schlussendlich aber die Hürden überwindet und sich so dem Leben stellt. Auf seinen Reisen lernt er Enite kennen, welche er zur Frau nimmt.

Da Erec und Enite oft als Paar agieren, spielt Enite im Erecroman eine wichtige Rolle. Jedoch sei von vornherein vermerkt, dass sie nicht eindeutig in dem geistlichen schwarz/weiß Muster als Sünderin oder marienähnlich kategorisierbar ist.

### *Enites Rolle in Hartmann von Aues Werk*

Auf den ersten Blick ist Erec „die Hautperson, in der alles zusammenläuft. Ihm ist seine Partnerin Enite, wie es scheint, nur als Epitheton, als elfenhaftes, vollkommenes Wesen beigestellt."[501] Allein die Namensgebung Chrétien de Troyes „Erec et Enide" und Hartmann von Aues „Erec" zeigt, dass es Letzterem nicht um die Darstellung des Liebespaares geht, sondern um seinen männlichen Protagonisten Erec. Laut Braunagel durchläuft Enite in von Aues Werk „keinerlei persönliche Entwicklung"[502].

Nichtsdestotrotz ist die Rolle Enites im Erecroman keineswegs zu unterschätzen oder gar als unwichtig anzusehen.

---

[501] Braunagel, Robert : Die Frau in der höfischen Epik des Hochmittelalters S.17

[502] Ebd.

*Enite zwischen der Rolle der Heiligen und der Sünderin*

Auch wenn sie sich fast keiner Entwicklung unterzieht, so ist ihr Benehmen immer ethisch korrekt.

Der

> „Weg, den sie unter der elfenhaften Oberfläche einer ideal schönen Frau mit ihrem Partner geht, [ist] eng an die Entwicklung des Helden Erec gebunden, aber er unterliegt auch gewissen Abweichungen, die in der Frau Enite und deren Darstellung ihre Ursache finden."[503]

Sie entstammt einer verarmten Adelsfamilie, was sich auch an ihrem Äußeren festmachen lässt:

> „der megede lîp was lobelich.
> der roc war grüener varwe,
> abehaere über al.
> dar under was ir hemde sal
> und ouch zebrochen eteswâ:
> sî schein diu lîch dâ
> durch wîz alsam ein swan.
> Man saget daz nie kint gewan
> Einen lîp sô gar dem wunsche gelîch:
> Und waere sie gewen rîch,
> so engebraeste niht ir lîbe
> ze lobelîchem wîbe"[504]

Selbst ihre abgetragenen und kaputten Kleider können ihrer Schönheit nichts anhaben. Die Beschreibung und Erwähnung ihrer weißen Haut, welche schwanenweiß ist und durch ihre Kleider durchschimmert, beinhaltet durchaus erotische Konnotationen, welche sie als verführerisch kennzeichnen und an die Figur der Eva erinnern.

Letztere steht stellvertretend für eine von 2 Kategorien, in welche die Frauen des Mittelalters eingeordnet wurden: die der Sünderin, welche durch ihre Verführung Adams schuldig an der Vertreibung des Menschen aus dem Paradies ist.

---

[503] Ebd S.18

[504] Von Aue, Hartmann : Erec. Zeile 324-335

Das Thema der Verführung und der Schönheit wird zu einem Leitmotiv des ganzen Romans. Erec verfällt ihrer atemberaubenden Schönheit und wirbt so erfolgreich um sie. Als sie zusammen mit Erec den Hof ihrer Eltern verlässt, stellt Hartmann von Aue sie sehr positiv und tugendhaft dar, was ihren Charakter von dem der Sünderin unterscheidet und eher an die heilige Jungfrau Maria erinnert:

> „Vrouwe Ênîte urloup nam,
> als einem kinde wol gezam,
> vil heize weinende,
> ze rîten in ellende
> von ir lieben muoter"505

Sie ist zutiefst traurig, dass sie ihr Elternhaus verlässt, gleichzeitig dankbar für die Erziehung, welche sie genossen hat. Dadurch, dass sie weint, erscheint sie als ein sehr emotionaler und empathischer Mensch; Charakteristika, welche auch Maria im Mittelalter zwischen dem 11. Und 12. Jahrhundert zugeschrieben wurden. Beispiele hierfür finden sich zu Haufe in Gebeten dieser Zeit, welche an die heilige Jungfrau gerichtet sind.506

Hinzu kommt der Moment vor der Hochzeit, in dem beide Protagonisten fast miteinander schlafen. Wieder ist ein Vergleich mit Eva unumgänglich, gleichzeitig hält Enite sich an das „Speculum virginum" und zeigt sich so wieder von ihrer tugendhaften Seite, indem sie der Versuchung standhält.

> „Das Speculum verlangt im jungfräulichen Leben: 1. Unversehrtheit an Leib und Geist und die Absicht, Gott allein zu dienen; 2. Freiwilligen Verzicht auf die Welt und den Entschluss, Weltverachtung zu üben; inneren und äußeren Gehorsam, freundliches Wesen, Demut und Keuschheit nach dem Vorbild der Mutter des Herrn und der Mahnung des Apostels Paulus [...]507

Jedoch verfällt sie schnell wieder in negative Verhaltensmuster. Nach der Hochzeit kriegen beide sich nicht dazu bewogen, das Bett zu verlassen und ihr Land zu regieren. So „verliegen" sie die Zeit zusammen, was ihnen Kritik seitens des Volkes einbringt. So wird sie zum Grund für die Ächtung Erecs durch das Volk.

---

505 Ebd, Zeile 1456-1460

506 Vgl Lundt, Bea : Auf der Suche nach der Frau im Mittelalter. S.213-232

507 Ennen, Edith : Frauen im Mittelalter, S.116

Jedoch bleibt das Thema der bedingungslosen Liebe zwischen Erec und Enite Leitmotiv des Werkes und dies überwiegt schlussendlich auch etwaige Fehltritte. Enite wäre bereit ihr Leben für ihren Mann zu lassen und sühnt alle ihre Sünden in Nachhinein. So erfährt sie die Tadelung des Volkes, als sie sich mit ihrem Geliebten im Bett „verliegt" und muss sich um die Pferde kümmern, als sie sich nicht an das ihr auferlegte Schweigegelübde hält.

Schließlich ist nicht zu vergessen, dass Enite Erec zwar in viele unangenehme Situationen bringt, jedoch hätte der Protagonist die Aventiurefahrt ohne seine Gefährtin nicht überlebt. Durch Gottes Hilfe lernen beide Maß zu halten und im Sinne ihres Landes und ihrer Untertanen zu herrschen, ohne dabei selbst unglücklich zu sein.

## Die „surziere Cundry"

### Einleitung

Wolfram von Eschenbach schrieb „Parzival" im ersten Viertel des 13. Jahrhunderts. Genau wie der Erecroman ist auch er auf ein Werk Chrétien de Troyes basiert. „Parzival" beginnt mit den ritterlichen Aventiuren von Parzivals Vater Gahmuret, dessen Heirat mit Herzeloyde und schließlich der Geburt ihres Sohnes. Dieser Teil fehlt in Chrétien de Troyes Fassung komplett, er beginnt mit dem Treffen Parzivals und dreier Ritter, welche ihn dazu bringen König Artus und den heiligen Gral zu suchen.

### Die Figur der Cundry im Parzival

Der Titel „surziere" leitet sich aus dem französischen „sorcière" ab, was übersetzt „Hexe" bedeutet, auch wenn ihr im mittelhochdeutschen Werk keine magischen Kräfte zugeschrieben werden.

Erst im sechsten Buch des Werkes tritt Cundry kurz auf, um den Protagonisten zu verfluchen. Im elften Buch des Romans erscheint sie wieder, um den Fluch aufzuheben und Parzival zum Gralskönig zu ernennen. Sie erklärt der ganzen Ritterrunde, dass Parzival Gahmurets Kind ist, was ihn zu einem Nachfahren Artus macht. Des Weiteren erfährt der Leser, dass sie der Einsiedlerin Sigune Lebensmittel beschafft[508] und in Verbindung mit den eingeschlossenen Frauen des „Schastel marveile" steht[509].

Durch ihren Bruder Malkreatiure wird bekannt, dass beide ein Geschenk der indischen Königin Secundille an den Gralskönig Anfortas waren.[510] Der Legende nach ist ihre physische Verunstaltung eine Strafe, welche ihre ganze Sippe getroffen hat. Der Stammesvater versuchte seine schwangeren Töchter vom Verzehr verfluchter Pflanzen abzuhalten, was ihm allerdings nicht gelang. Zur Strafe brachten sie Kinder zur Welt, welche nicht über das Äußere verfügen, welches von Gott vorgesehen war. Das Thema der Erbsünde taucht also auch im Parzival auf.

---

[508] von Eschenbach, Wolfram : Parzival, V 438, 29 – 439, 8

[509] Ebd, V 579, 23 – 580, 1

[510] Ebd, V 517, 11 – 520, 2

## Charakter und Aussehen der Cundry

„Gegen die standardisierte Koppelung des Schönen mit dem Höfischen bzw. des Hässlichen mit dem Unhöfischen ist im Parzival allerdings die Gralsbotin Cundrie gestaltet, denn in ihr verbindet sich das eigentlich Unvereinbare."[511]

Auffallend an der Figur ist die Diskrepanz zwischen ihrem äußerst unansehnlichen Physischen und ihrer besonderen Gelehrtheit.

> über den huot ein zopf ir swanc
> unz ûf den mûl: der was sô lanc
> swarz, hete und niht ze clâr,
> lind als eins swînes rückenhâr.
> sie was genaset als ein hunt:
> zwên eberszene ir vür den munt
> giengen wol spannen lanc [512]

Sie besteht zur Hälfte aus Mensch und zur Hälfte aus Tier und wird als sehr rabiat und unweiblich beschrieben: ihr langes schwarzes Haar erinnert an die Borsten eines Schweines, ihre Nase erinnert an die Schnauze eines Hundes und ihre Zähne sehen denen eines Ebers zum Verwechseln ähnlich. Des Weiteren beschreibt Wolfram ihre Ohren als die eines Bären, ihre affenartigen Hände und ihre ungepflegten Fingernägel, die dreckig und lang sind und eher Löwenkrallen ähneln[513]. All diese Attribute sind eher untypisch für eine adlige Frau des Mittelalters.

Durch Cundry

„[...] versucht Wolfram, die im Mittelalter vorherrschende Meinung, äußere Schönheit deute automatisch auch auf moralische Vollkommenheit und umgekehrt, zu relativieren. [...] Weder das Aussehen eines Menschen noch die sichtbare Hülle seinen Herzens darf unreflektiert als Beurteilungsmaßstab eingesetzt werden."[514]

Zwar ist sie nicht ansehnlich, jedoch unterstreicht der Autor ihre intellektuellen Fähigkeiten: sie spricht neben Latein fließend Französisch und Arabisch und verfügt über Kenntnisse der Dialektik, der Geometrie und der Astronomie.[515]

---

[511] Sieburg, Heinz : Literatur des Mittelalters. S.186

[512] Ebd ,V 313, 12-23

[513] Ebd, V314, 5-9

[514] Emmerling, Sonja : Geschlechterbeziehungen in den Gawan-Büchern des „Parzival" S.159

[515] von Eschenbach, Wolfram : Parzival. Band 1, V 313 19-25

Auch die Genter Seide nach der „franzoyser siten"[516] und der Pfauenhut „von Lunders"[517] sind Indikatoren für ihre Herkunft aus einem höheren Stand.

Braunagel beschreibt sie als ein „Kuriosum"[518], welches nie seinen Platz in der Minne finden wird, der Autor äußert klar, dass er nicht der Auffassung ist, dass Cundry jemals von einem Mann begehrt werden wird[519] oder dass jemand einen Zweikampf für sie eingehen würde[520].

Cundry ist zum einen physisch abgrundtief hässlich, gleichzeitig aber wunderschön und gelehrt in ihrem Innern. Auch wenn dies nicht in das Thema der Minne hineinpasst, wird sie durch Nicht-Weiblichkeit nicht automatisch zu einem bösen Menschen. Selbst wenn sie Parzival zuerst mit einem Fluch belegt, so tut sie dies nur, um ihren Herrn Anfortas zu schützen.

Sie erscheint nicht nur, um Parzival zu verdammen; sie erscheint am Ende auch, um die Berufung Parzivals zum Gral – und damit seine Rehabilitierung" – zu verkünden."[521]

---

[516] Ebd, V 313,8

[517] Ebd, V 313, 10

[518] Braunagel, Robert : Die Frau in der höfischen Epik des Hochmittelalters, S.102

[519] Wolfram von Eschenbach : Parzival. Band 1, V 313, 30

[520] Ebd, V 314, 10

[521] Kasten : Hässliche Frauenfiguren in der Literatur des Mittelalters, S.257

## Brunhild

### Einleitung

Die Geschichte des Nibelungenlieds geht auf verschiedene historische Ereignisse zurück. Um 1200 wurden sie schriftlich festgehalten. Wo und von wem es geschrieben wurde, kann nicht mit Sicherheit gesagt werden. Da es sich im Gegensatz zu Gralsromanen um mehr oder weniger wahre Begebenheiten handelt, wurde das Nibelungenlied als „Kulturgut" angesehen. Daher sah der Schreiber sich nicht als Autor, sondern lediglich als denjenigen, der alles festhielt, damit es nicht vergessen wird. Dies ist vielleicht der Grund, warum es keinen offiziellen Autor des Nibelungenliedes und anderen zeitgenössischen Werken gibt.[522]

### Brunhild im Nibelungenlied

Brunhild stellt im Nibelungenlied einen sehr facettenreichen Charakter dar: sie betört die Männer durch ihr perfektes Auftreten: Sittsamkeit, Keuschheit und Reinlichkeit sind nur einige Attribute, die sie auszeichnen. Hinzu kommt, dass sie eine sehr attraktive Frau ist, auch wenn die Erotik tabuisiert wird, ist doch offensichtlich, dass auch eine physische Anziehung auf die Männerwelt von ihr ausgeht.

Neben diesen Rollen, die sie verkörpert, ist auch ihr politisches Gewicht nicht zu unterschätzen. Letzten Endes stellt die Kombination aus Physis und Politik wohl auch Grund für das Ende ihrer Regentschaft dar.

### Mulier fortis

Der Begriff der „mulier fortis" wurde von Augustinus geprägt und wird mit positiven Attributen, wie Keuschheit, Kraft, sogar Männlichkeit einer Frau in Verbindung gebracht.

Die Schönheit der Brunhild gepaart mit ihrer ungeheuren Kraft lässt einen sofort an diesen Begriff denken, auch wenn sie im Werk selbst nie so genannt wird.

---

[522] Sieburg, Heinz : Literatur des Mittelalters, S.140

Im Gegensatz zur Cundry wird Brunhild nicht als abstoßendes Mannsweib oder ähnliches kategorisiert. Die männlichen Attribute scheinen die Männer sogar anzuziehen. Erst nachdem es Siegfried mithilfe von Zauberkraft gelingt, sie zweimal zu besiegen, gibt sie sich geschlagen und verliert nach dem Vollzug der Ehe mit Gunther ihre außergewöhnlichen Kräfte und ist ihrem Mann dann auch körperlich unterlegen.

## Schlussfolgerung

Auffallend in allen 3 Werken ist, dass Verwerfliches über kurz oder lang geahndet wird und die Charaktere so aus ihren Fehlern lernen, ohne schlecht zu werden. Erec und Enite werden ein gutes Herrscherpaar, gerade weil sie sich am Anfang ihrer Ehe „verliegen" und vom Volk geahndet werden. Cundry nimmt den Fluch, den sie auf Parzival legt, zurück und wird zur Gralsbotin. Sie mag äußerlich die Sünden der Menschheit widerspiegeln, jedoch verkörpert sie zeitgleich Demut.

> Die prononcierte Diskrepanz zwischen Innerem und Äußerem der Cundri mag [...] eine Mahnung dafür sein, dass die Gralwelt in einem Interimszutand befindet, solange Parzival nicht Gralkönig; die Unordnung, das Ungleichgewicht der Gralwelt, die auf die erlösende Frage wartet, manifestiert sich in der Diskordanz der Erscheinung ihrer Abgeordneten Cundri[523]

Brunhild verliert ihre übernatürlichen Kräfte nachdem sie ihre Jungfräulichkeit verloren hat und fügt sich so auch in das Bild der „normalen vrouwe" ein.

Egal ob nun Haupt- oder Nebenfigur, sowohl Enite, Brunhild, als auch Cundry, sind für die jeweiligen Werke unabdingbar. Durch sie nehmen die Dinge ihren rechten Lauf.

---

[523] Raudszus, Gabriele : Die Zeichensprache der Kleidung. S.129

**Quellenverzeichnis:**

Braunagel, Robert: *Die Frau in der höfischen Epik des Hochmittelalters – Entwicklungen in der literarischen Darstellung und Ausarbeitung weiblicher Handlungsträger,* Max Niemeyer Verlag, Ingolstadt 2001

Emmerling, Sonja: *Geschlechterbeziehungen in den Gawan-Büchern des „Parzival", Wolframs Arbeiten an einem literarischen Modell,* Max Niemeyer Verlag, Tübingen 2003

Ennen, Edith: *Frauen im Mittelalter,* C.H. Beck Verlag, München, 6. Auflage 1999

Kasten, Ingrid & Haas Alois: *Hässliche Frauenfiguren in der Literatur des Mittelalters,* Wilhelm Fink Verlag, Bern 1999

Lundt, Bea: *Auf der Suche nach der Frau im Mittelalter.* Wilhelm Fink Verlag, München 1991

Raudszus, Gabriele: *Die Zeichensprache der Kleidung. Untersuchungen zu Symbolik des Gewandes in der deutschen Epik des Mittelalter,* Band 1 Georg Olms Verlag, Hildesheim/ Zürich/ New York 1985

Sieburg, Heinz: *Literatur des Mittelalters,* 2., aktualisierte Auflage, Berlin, 2012

von Eschenbach, Wolfram: *Parzival,* Dtv Verlag, Band 1, Stuttgart 1981

Von Aue, Hartmann: *Erec.* Mittelhochdeutscher Text und Übertragung von Thomas Cramer. Fischer Tb, Frankfurt 1999

## Einzelbände

**Christina Gieseler:** Erziehung, Ausbildung und Arbeit von Mädchen und Frauen in den Städten des Hoch- und Spätmittelalters. Frauen aus Handwerk und Unterschicht

ISBN: 978-3-640-59499-3

**Anna Dück:** Liebe und Ehe im Mittelalter. Rechte, Riten und Realität

ISBN: 978-3-656-33299-2

**Marion Luger:** „Stadt der Frauen" – Frauen der Stadt. Christine de Pizans „Buch von der Stadt der Frauen" und die Lebenswirklichkeit von Stadtbewohnerinnen im Spätmittelalter

ISBN: 978-3-640-17236-8

**Dr. Elena Tresnak:** Die Darstellung der Kriemhild-Figur im ‚Nibelungenlied': Entwicklungsprozess oder Rollenwechsel von der ‚höfischen Dame' zur ‚entmenschlichten Rächerin'?

ISBN: 978-3-640-43904-1

**Claudine Massard:** Die Rolle der Frau in der Literatur des Mittelalters am Beispiel von Enite, der „surziere Cundry" und Brunhild

ISBN: 978-3-656-40829-1